SED de AMOR

EL PODER DEL SISTEMA

Dr. Francisco A. Urraca F.

EN GRATITUD

A quienes me motivaron:

Mi Madre: Elena

Mis hermanos:
Dolores Nayú, "Lola"
Maria Soledad
Victor Alfonzo, "mi segundo padre"
Maria Antonieta, "Maruja"
Gerber Ramón

Mi esposa: Gladys Elvira

Nuestras Hijas y Nietos

A quienes me inspiraron:

Mis suegros:
Miguel Santiago Gutierrez
Hilda Rosa Torrecilla Osorio

A quienes me apoyaron:

Dr. Orlando Tijerino

Colega, latinoamericano e inmigrante como yo, supo dedicar su tiempo y conocimientos para compartir conmigo su afición para escribir.

Reconocido poeta, ilustrado en la literatura y en el lenguaje español; corre por sus venas el arte de escribir de su padre, también Médico y de su hermano, autores literarios en su Nicaragua.

El Dr Tijerino actúa como el mejor corrector para mis novatos escritos. Lo considero un gran amigo, un mentor, pues nos ofreció la oportunidad a Gladys y a mí el habernos dedicado a la docencia médica en el College que él dirigía en Miami, Florida, USA

Dr. Mario Matus

(† Q.E.P.D.)

Como notable Abogado de Inmigración y muy culto en política social, me permitía muchas horas de tertulia tanto en el mismo College cuando docentes como en su práctica privada, al tratar casos de inmigración que le refería desde la fundación que yo dirigía en Miami, Florida.

Producto de esta variada actividad surgen mi primer libro: "Yo Inmigrante" y el presente
"SED de Amor"

EL MÁS PRECIADO LEGADO SE DEJA POR ESCRITO, PORQUE LAS PALABRAS DICHAS SE BORRAN CON EL TIEMPO...PERO NO DE LA MEMORIA SENIL.

Francisco Urraca

CONTENIDO

Ω

PRÓLOGO

Aquellos que nos encontramos en los Estados Unidos de América como inmigrantes y hemos logrado adaptarnos e identificarnos con la realidad americana, llegamos a comprender también cómo funciona el sistema americano. Esto nos ha tomado muchos años de nuestra vida. El compartir en sociedad con otros seres humanos de diferente nacionalidad y, por supuesto, lo más trascendente, el haber convivido con ciudadanos americanos natos, nos ha hecho comprender lo que es el Credo Americano, la identidad nacional que quisiéramos en nuestros países de origen.

Los Estados Unidos de América nos muestra una evolución histórica plagada de congruencia de inmigrantes provenientes de diferentes partes del mundo, en buzca del "sueño americano". Es una nación forjada por inmigrantes que al establecerse adoptaron este país como propio. A costa de muchos sacrificios y luchas fundamentaron sólidos principios y conceptos que hicieron de los Estados Unidos la primera potencia mundial. Con el control absoluto en lo político, social y económico se logró crear un sistema ideal: es el **Poder del Sistema**.

En las siguientes páginas no pretendo otra cosa que manifestar mis ideas y conceptos lo más claro posible, con el único propósito de hacer uso de mi derecho de expresión. No me considero un experto en materias políticas, sociales, educativas, legales, ni de cualquier otra índole, sobre los temas que se toquen en cualquier párrafo del presente libro. Todo lo expresado se ha materializado como producto de mis propias vivencias, tras haber transcurrido la primera mitad de mi vida en mi país de origen, Perú, y la segunda mitad la estoy compartiendo con millones de inmigrantes en los Estados Unidos de América, nación a la cual estaré eternamente agradecido por la acogida brindada.

Pero uno no puede ser "ciego", "sordo" y "mudo" ante lo que acontece en nuestros países de origen, sobretodo habitando en el país que es la primera potencia mundial. Sin uno proponerse, los que amamos a nuestra patria, quisiéramos hallar la forma de poder proyectar la grandeza de los Estados Unidos, siquiera en una mínima porción, hacia nuestros países subdesarrollados o en vías de desarrollo. Las intenciones nos sobran, pero hay que aceptar que los cambios no pueden llevarse a cabo en años, sino en generaciones. Hay que "sembrar" pacientemente para que las generaciones venideras "cosechen" los frutos. Cambiar la mentalidad de las personas es imposible, hay que formarlas desde que sus capacidades intelectuales se van desarrollando, desde la niñez.

Con esto en mente se intentó elaborar, por años, una apreciable cantidad de proyectos aplicables a mi país de origen; tras mucho batallar se llegaron a realizar algunas presentaciones, incluso con uno de ellos logramos tocar las puertas del gobierno. Casi en vías de aprobación tuvimos que declinar seguir adelante por problemas burocráticos, propios del sistema político de nuestros países, donde impera la corrupción. Comprendimos que debemos "sembrar" y no ser meramente parte de los que "cosechan", sin haber formado parte de la "siembra". Comprendí que lo más valioso que uno puede dejar como herencia para nuestras generaciones, lo constituyen las "semillas", lo más productivas posibles.

Tras mucho meditar, leer, conversar con otras personas interesadas y tomar información por internet, se me permitió elaborar nuevas ideas y conclusiones que se tratan de plasmar en el presente libro. Comprobamos que el ciudadano común en nuestros países se encuentra en una constante encrucijada sobre su presente y se preocupa mucho más por su futuro incierto; y es consciente de que en su pasado quizás no tuvo la oportunidad que hubiese cambiado su calidad de vida actual. Tiene muchas interrogantes pero no obtiene las respuestas adecuadas o simplemente no las tiene, no se las responden o hacen caso omiso a sus preguntas quienes deben responderlas. Entonces, el ciudadano muy frustrado, prefiere no volver a pensar, siquiera, en una pregunta.

Por esta aptitud se decidió poner por escrito ciertas ideas que, sé, también la conciben muchos compatriotas. Hay ansiedad por conocer respuestas, hay sed de acceso a la información adecuada y real, hay sed de conocimiento, hay sed de afecto, hay sed de respeto hacia los demás........

Hay **SED de AMOR**.

"Podemos hacer las cosas ordinarias, con un AMOR extraordinario".
Teresa de Calcuta

El credo de una nación, como la fe o la identidad nacional, no se destruye, solo se abandona a voluntad.

La identidad nacional es posible, existe, solo que no se enaltece como se debe; y, a conveniencia, se pretende ignorar.

Francisco Urraca

Ω

INTRODUCCIÓN

Recordar es vivir, ignorar es morir, olvidar es Alzheimer

Aquellos que nos encontramos en la etapa de cosechar lo que hemos sembrado o en "El reposo del Águila" (o lo que sería "El reposo del Cóndor" para nuestros países andinos), nos permitimos meditar y recorrer los pasos ya trazados en el camino de la vida que Dios nos ha obsequiado hasta el presente. Y jamás quisiéramos que nuestros descendientes se tropiecen con las mismas piedras que nos hizo caer o los obstáculos que nos tocó evadir.

Tratamos de encontrar explicaciones a los errores cometidos, mejorar lo poco de lo bueno que hayamos hecho y aprovechar lo aprendido; así, sacando conclusiones podamos dejar esto como enseñanzas a nuestros descendientes. Para ello no necesitamos sino la memoria para recordar. Sin pretender hacerlo nos inmiscuímos en la tecnología actual, lo que nos permite alcanzar información con la que no contábamos en nuestros tiempos, o no podíamos alcanzar por falta de acceso.

Así mismo nos concentramos también en la búsqueda de explicaciones al porqué de los acontecimientos político-sociales de nuestros países de origen. Muchos tuvimos que tomar la dura decisión de emigrar por tales circunstancias, adversas en su momento.

Con todo este caudal de vivencias propias y de información encontrada gracias a la tecnología, nos podemos permitir el considerarnos bendecidos que al llegar a la tercera edad tengamos el chance de que esta etapa de la vida sea de un pronóstico mejor para nosotros. Tener la mente ocupada en cosas productivas alarga la existencia y se tiene una mejor calidad de vida. Eso no se duda. Plasmar en un escrito lo que la memoria y el conocimiento todavía nos permiten, es la mejor terapia en el "reposo del cóndor"; "con dolor" aquí y "con dolor" allí.

La condición de humanos nos hace comprender que las vivenvias compartidas con los demás durante el lapso de vida ya dispuesta y la "**siembra**" que implantamos en los surcos que se nos hayan presentado, nos ha capacitado para poder **cosechar** los frutos y ofrecer las buenas y malas experiencias a nuestros descendientes. Debemos dejar un terreno muy fértil con los abonos necesarios, y la semilla indicada y saludable. Debemos estar satisfechos de haber ofrecido las herramientas necesarias a fin de adquirir la capacidad, por parte de nuestros amados, de poder desechar las hierbas malas y evitar las plagas que afecten sus siembras.

Al tratar de proyectar estas ideas hacia la comunidad y por extensión a una nación con su organigrama estructural de gobierno, debemos tomar en cuenta que el gobernante y su entorno político hacen las veces del "cabeza de familia", les corresponde entonces "sembrar" adecuadamente para que las generaciones futuras tengan una magnífica "cosecha". Se requiere procurar y adquirir la "semilla" adecuada a fin de proporcionarla al "cultivador" de un futuro, el ciudadano gobernado. Lo que se siembra se cosecha.

Lamentablemente, en complicidad con los gebernados, nuestros gobernantes cambian periódicamente; un padre de familia lo es desde que se engendra al hijo hasta que se deja este mundo y aún las ideas y enseñanzas perduran. Pero, como sucede en nuestros países de origen, se cambian los gobiernos, se cambian también muchos de los principios dejados por el anterior gobernante, buenos o malos. Así, el hecho es que no se puede presagiar una fructífera cosecha.

Generalmente en nuestros países de bajo desarrollo socio-económico, con leyes cambiantes de acuerdo al interés del gobernante de turno, por lo tanto, respetadadas por unos, mal interpretadas y/o manejadas a su favor por otros; se llega en algún momento a ser desobedecidas por la gran mayoría de la población. Entonces, gobierna el caos: la delincuencia, el narcoterrorismo, la corrupción; en general la inseguridad ciudadana reina a ojos "ciegos" del gobierno local, regional o central. Y, generalmente, nuestros gobernantes se vuelven también "sordos" a los reclamos y "mudos" cuando se trata de responder a una inquietud de los gobernados. En el peor de los casos se "ignoran" los reclamos y se llega al uso del poder y la fuerza para repeler las protestas. Se da inicio a la confrontación social, muy nefasta a cualquier intento de desarrollo social equitativo. Impera el desamor.

Sólo con el AMOR hacia sus seres el "Águila o el Cóndor" supieron, cuidadosamente y con mucha paciencia, "sembrar" (enseñándoles a sobrevivir y a protegerse en las alturas) y así ofrecerles la opción de poder obtener una buena "cosecha" que ofrecer, a su vez, a sus descendientes.

En nuestros países "organizados" como naciones libres, impera en su población una SED DE AMOR. Tal es el mensaje que quisiera transmitir tanto a gobernantes como a gobernados: satisfacer por parte del gobernante hacia sus gobernados esa SED de AMOR. Es una obligación moral y un deber a cumplir, por ser un derecho del ciudadano que lo eligió para el cargo. Dar agua al que tiene sed y amor a todo ser, con quienes compartimos lo que Dios nos ha proveído.

AMOR es lo que mantiene unida a las personas. Siendo el AMOR la máxima expresión del ser humano, se manifiesta de diferentes maneras, de persona a persona. Aún aquellas que lo niegan sentir, en algún momento de su vida lo expresan. El amor filial hacia los padres e hijos se aprecia aún en los casos de criminales confesos que en sus peores momentos invocan a sus seres queridos. Por amor se hace cualquier sacrificio a fin de proveer las necesidades a quienes amamos. En una nación organizada los gobernantes se deben regir por el mismo principio.

SED

Hacemos énfasis en la palabra SED por lo que su significado representa. Sed es el ansia por beber líquidos, causado por el instinto básico de humanos o animales para beber y que le permita subsistir. Es un mecanismo esencial de regulación del contenido de agua en el cuerpo y uno de los primeros síntomas de deshidratación. Sí no se satisface la sed, la deshidratación lleva a un desequilibrio, que médicamente llamamos hidro-electrolítico, que termina ocasionando serios problemas en el organismo que puede llevar a la muerte en muy poco tiempo.

Sí aplicásemos el concepto SED para una población en general representaría el ansia por la satisfacción de sus demandas, de sus derechos, del cumplimiento de las promesas de campaña del gobernante elegido. Si el gobierno cumple, se mantiene un indispensable equilibrio socio-político-económico, muy necesario por la paz en la nación.

En el caso de una nación que conglomera a millones de seres humanos, el **AMOR** se visualiza en el respeto mútuo que debe existir entre el gobernante y las personas que lo eligieron, los gobernados; y respeto también, ineludible por ambas partes, a las leyes que rigen a la nación. Cuando esto se logra el gobierno cumple con calmar la **SED** de sus gobernados y éstos, a su vez, se encontrarán satisfechos y entonces reinará una integración social completa, determinando un país fuerte, sano y ordenado.

Cuando no, entonces se tendrá un país en crisis social con una población insatisfecha que lleva al conflicto social. Así emerge la inseguridad ciudadana, con altas tasas de criminalidad, y con incontrolable proliferación de males como la corrupción, el narcotráfico y el terrorismo. En estas condiciones, nuestros países son presa fácil de la "siembra" y la implementación de insanas ideologías que conllevan al terrorismo con su máxima expresión el narco-terrorismo, que han causado, y siguen haciéndolo, muchos destrozos sociales. El narco-terrorismo y la corrupción imperante a todo nivel del aparato gubernamental se han convertido en el "cáncer" de nuestras sociedades.

El Poder del Sistema

Los que ahora gozamos del "Reposo del Águila" en los Estados Unidos podemos afirmar que aquí sí se satisface la SED. Tuvimos la **oportunidad**, pues se nos permitió preparamos para alcanzarla, con **E**ducación. Respetamos las **leyes** que se nos presentaron porque fuímos capaces de someternos a una **D**isciplina. Y gozamos de la **justicia** que a todos llega por igual, brindándonos la **S**eguridad que todos anhelamos para vivir en paz.

Si el gobierno cumple con saciar la SED de su pueblo, es porque está ejerciendo lo que la Constitución lo obliga y las Leyes le permiten. El amor del gobernante hacia sí mismo y hacia su familia, le permitirá proyectarse con el mismo afán hacia sus gobernados y así estará cumpliendo con satisfacer las necesidades de su población:

S por seguridad

E por educación, y

D por disciplina

En los Estados Unidos podemos afirmar que la satisfacción de SED se cumple a cabalidad. El sistema político-social-económico americano implementado a costa de sacrificio, trabajo en conjunto, persistencia, moral y sobretodo identidad con lo suyo, ha hecho de los Estados Unidos la primera potencia mundial. Tiene el poder, transmite mucho respeto, pero a la vez se muestra generoso. Es el Sistema Americano; envidiado por muchos, a la vez que temido por los que pretenden imponer ideas equívocas, pero respetado por la gran mayoría que toman al sistema como un ejemplo a seguir. Es el Poder del Sistema.

Es lo que se pretende hacer comprender con lo que exponemos en este libro. Es lo ideal a implementarse en nuestros países, con sus limitaciones y con sus cualidades propias de cada uno. Con estas tres letras (S,E,D.) que usaremos como acrónimo, se puede expresar lo que significan las tres palabras que definen la **identidad nacional** americana al manifestarse que: *"los Estados Unidos es un país de **oportunidades**, de **leyes** y de **justicia"**.

Seguridad, por Justicia

Educación, por Oportunidades

Disciplina, por Leyes

En el desarrollo de los textos del presente libro, capítulo a capítulo, se tratará de ser claro en la explicación de ciertas ideas, como lo expresado anteriormente, sin pretender ser un experto en los temas tratados. Me acojo al beneplácito de solo poder llegar a muchas personas y que cada una pueda sacar sus propias conclusiones. Con el solo hecho de ser leído y haber logrado que el lector medite, me basta y me sobra.

Intento concluir en SED como una connotación que trata de ser una forma de expresar mis ideas surgidas tras percibir, observar, experimentar, informarme y compartir las mismas con otras personas. Tratando de ser explícito y muy didáctico con los temas a tratar me he servido de ciertas formas estadísticas muy en uso, cómo el Diagrama de Veen, la Pirámide de Maslow y el Cubo OLAP (o de Codd). He usado SED y las formas gráficas mencionadas a fin de intentar llegar a un resultado informativo o comunicativo determinante en la captación del mensaje que se quiere transmitir, en forma por lo demás clara y objetiva. En seguida se presenta la forma en que se han diseñado los diagramas que usaremos capítulo a capítulo para lograr explicar nuestro mensaje.

Diagrama de Veen

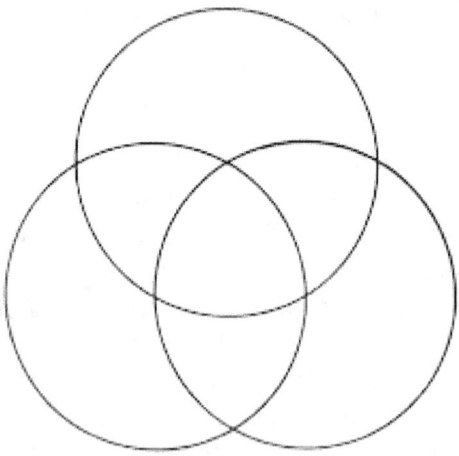

El Cubo y la Pirámide

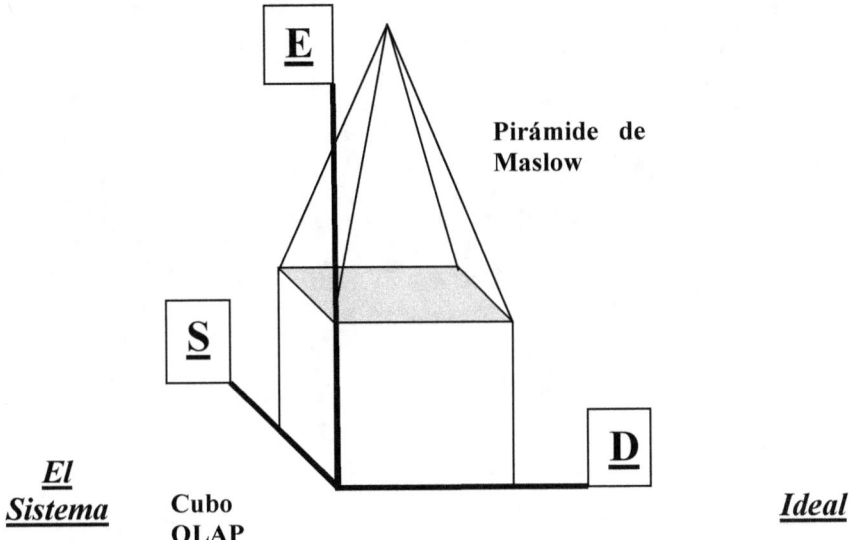

El
Sistema

Ideal

Ω

I

Martin Luther King, *dijo....*"*No me preocupa el grito de los violentos, de los corruptos, de los deshonestos, de los sin ética... Lo que más me preocupa es el silencio de los buenos*".

Argumentando SED

Argumento es la expresión de un raciocinio y permite justificar algo como una acción razonable con dos finalidades explícitas: persuadir a otros a fin de promover una determinada acción e intentar transmitir un contenido con sentido de verdad, fomentando el entendimiento.

SED se ha designado con la intención de argumentar conceptos didácticos accesibles a toda persona interesada en alcanzar sus objetivos dentro de los lineamientos que la razón y las leyes le permitan haciendo uso de sus derechos y, a la vez, cumpliendo sus deberes como ciudadano.

Sociedad describe a un grupo de individuos unidos por una cultura, costumbres y folklore en común, con criterios compartidos que condicionan su estilo de vida y se relacionan entre sí, en el marco de una comunidad.

Sí aún los animales conviven en sociedad, la sociedad en los seres humanos debería constituirse como excelencia. Las sociedades humanas la conforman poblaciones donde los habitantes se correlacionan entre sí, pero en un contexto común, que les otorga una identidad comun con sentido de pertenencia y cierta dependencia uno de otro, con fines y principios comunes, a la vez que con respeto mutuo.

El ser humano en una sociedad organizada como **nación** e institucionalizada como **estado**, se considera como un ciudadano con deberes y derechos establecidos en una Constitución y por tanto con un sentido de responsabilidad adquirido por el hecho de aceptar convivir en paz con otros seres humanos, bajo las mismas condiciones. Los humanos que viven en sociedad comparten lazos ideológicos, políticos y económicos; se encuentran regidos por normas o leyes y se someten a un sistema de justicia que ellos mismos idearon. Se valora una sociedad por su nivel de desarrollo, sus logros tecnológicos y científicos alcanzados, y la calidad de vida de los que la integran.

Expresión de S.E.D.

Cuando el ciudadano comprueba que el estado ha satisfecho sus necesidades básicas, brindado la seguridad necesaria y ha tenido acceso a las oportunidades que se le presentaron, adquiere la conciencia de un credo, de una Identidad Nacional. No estará dispuesto a dejarse arrebatar lo conseguido y luchará por ello.

Se ha establecido una **Identidad Nacional** cuando entre un gobierno y los gobernados existe una estrecha relación en búsqueda de **S**eguridad (Justicia Social), **E**ducación (Oportunidades) y **D**isciplina (Leyes). Tres principios básicos y elementales a ser dispensados, regulados, controlados, administrados y respetados por el gobierno. Con la obligación por parte del ciudadano de someterse a ellos, y con el derecho de exigir que se cumplan, como también acatar el cumplirlas. El ciudadano debe de actuar con plena libertad de gozar de sus derechos, como con la obligación moral de cumplir con sus deberes.

En el sur del continente americano, la cordillera de los Andes recorre América del Sur desde Chile a Colombia, abarca todo el territorio sudamericano, cual columna vertebral. Los pobladores de la costa (oeste), sierra (centro) y selva (este) conviven bajo circunstancias bien delimitadas por los Andes. En la costa se vive desde casi al nivel del mar y el hábitat va ascendiendo hasta llegar a las punas (altitud que llega a superar los 6,000 metros); luego se desciende a la ceja de selva y selva tropical. Este diferente medio de vida que le ofrece la naturaleza, le hace también enfrentarse a situaciones ambientales muy diferentes. Podríamos asegurar también que se establecen caracteres diferentes de manifestarse, de acuerdo al lugar donde vive.

Sin embargo la percepción de las necesidades es la misma, cualquiera sea su hábitat. Todos, en algún momento, expresan SED. En el Perú particularmente, cuna del **Imperio Inca** que llegó a expandir su influencia desde el Cabo de Hornos en Chile hasta la actual Panamá, el sentido de amor a su tierra en el poblador andino es innato. Como lo es el sentido de necesidad de justicia social.

Los Incas, admirablemente, mantenían un concepto moral muy alto basado en la justicia y el respeto mutuo. En la sociedad Inca el sentido del bienestar común y el respeto mútuo primaba; prácticamente no existian los crímenes, los robos, la mentira y la pobreza. Esto se logró por las enseñanzas morales que se impartían desde la infancia; las que luego se convirtieron en leyes y quienes no la cumplían eran castigados severamente y muchas veces con la muerte. Estas normas se llegaron a establecer como preceptos morales por todo el vasto imperio, destacándose como principales los siguientes:

1.- **Ama Llulla** (No seas mentiroso)
2.- **Ama Súa** (No seas ladrón) y
3.- **Ama Quella** (No seas haragán)

Este código de conducta para el poblador andino aún representa una forma de identidad propia y a la vez le hace sentir cierto rencor su incumplimiento, expresándolo en su folclor, en su lírica. Existe una composición que para muchos, y en mi opinión también, representa el "himno del poblador andino". Aunque su propio origen es discordante, lo que expresa en su letra es el sentimiento de ese poblador protegido solo por los Andes.

Aparece en el norte del Perú por 1973 como "Cholo soy y no me compadezcas" en forma de canción interpretado por el cantautor Luis **Abanto Morales**, natural de Trujillo pero criado en Cajamarca, en los Andes peruanos. Su expresión alcanzó tal resonancia que traspaso los Andes llegando a los peruanos radicados en diferentes partes del mundo, pues el "cholo" Abanto siempre se fue con su música a otra parte. Luis Abanto Morales fue nombrado como Patrimonio Artístico de América el 3 de junio de 1987 por la Organización de los Estados Americanos. Aunque su autoría poética se amerita a Boris Elkin, quien nació en el año 1905 en Chivilcoy, provincia de Buenos Aires y se le considera uno de los principales exponentes de la poesía gauchesca.

Sea como fuere ambos folkloristas, netos pobladores rurales, expresan un sentimiento que lleva un siglo de haberse manifestado tanto en el poblador de los llanos argentinos como en el de los Andes. Lo más trascendente es el mensaje que encierra. Hay SED de Amor.

Cholo soy y no me compadezcas

(Vals Peruano) Autor: Luis Abanto Morales

Cholo soy y no me compadezcas,
esas son monedas que no valen nada
y que dan los blancos como quien da plata,
nosotros los cholos no pedimos nada,
pues faltando todo, todo nos alcanza.

Déjame en la puna, vivir a mis anchas,
trepar por los cerros detrás de mis cabras,
arando la tierra, tejiendo los ponchos, pastando mis llamas,
y echar a los vientos la voz de mi quena
dices que soy triste, ¿qué quieres que haga?

¿No dicen ustedes que el cholo es sin alma
y que es como piedra, sin voz ni palabra
y llora por dentro, sin mostrar las lágrimas?
¿Acaso no fueron los blancos venidos de España
que nos dieron muerte por oro y por plata?
¿No hubo un tal Pizarro que mató a Atahualpa,
tras muchas promesas, bonitas y falsas?

¿Entonces que quieres, que quieres que haga,
que me ponga alegre como día de fiesta,

mientras mis hermanos doblan las espaldas
por cuatro centavos que el patrón les paga?

¿Quieres que me ría,
mientras mis hermanos son bestias de carga
llevando riquezas que otros se guardan?
¿Quieres que la risa me ensanche la cara,
mientras mis hermanos viven en las montañas como topos,
escarba y escarba, mientras se enriquecen los que no trabajan?
¿Quieres que me alegre,
mientras mis hermanas van a casas de ricos
lo mismo que esclavas?

Cholo soy y no me compadezcas.
Déjame en la puna vivir a mis anchas,
trepar por los cerros detrás de mis cabras,
arando la tierra, tejiendo los ponchos, pastando mis llamas,
y echar a los vientos la voz de mi quena
déjame tranquilo, que aquí la montaña
me ofrece sus piedras, acaso más blandas
que esas condolencias que tú me regalas.
Cholo soy y no me compadezcas.

ESTO ES SED

Con frecuencia, cuando se pretende hacer alguna referencia al Sistema Americano, se dice que los Estados Unidos de América es una tierra de OPORTUNIDADES, de LEYES y de JUSTICIA; se podría afirmar que el credo americano se basa en estas tres palabras.

El inmigrante, en el proceso de asimilación a la realidad americana, debe de ser consciente que tiene que adecuarse a la identidad nacional americana que, con toda certeza, será muy diferente a la de su propio país. El americano nato adopta los principios que regirán el resto de su vida desde los primeros días de su vida en el "pre-kínder" y durante la educación que recibe en las diferentes etapas de su formación.

La educación en los Estados Unidos está centrada en fomentar la conciencia del educando hacia el bienestar propio y de los demás, en torno a la competitividad. El concepto que predomina para lograr la meta es que, si se tiene el talento uno debe emplearlo para lograr ser el mejor en el campo que le favorece; si no se cuenta con algún talento, se debe intentar de dar lo mejor de sí para superar sus deficiencias. Ni uno ni otro grupo de educandos es dejado "a su suerte"; el gobierno provee todo lo necesario a fin de que todos tengan la misma oportunidad.

Una de los comentarios por demás errado que he podido recibir del sistema americano es en lo concerniente a la educación. Cuán equivocados están aquellos que consideran "deficiente" la educación básica americana (incluido el high school), al pretender compararla con la que recibimos en nuestros países. En nuestros países, se nos prepara bien para enfrentar el futuro con capacidad, pero carecemos de formación en principios básicos de conciencia cívica, de creársenos una **identidad nacional** plena; uno se ve obligado a adquirirla con el avance en la formación académica que recibamos. Pero la inmensa mayoría de la población no lo percibe, pues no tiene equitativamente acceso a ello; y al gobierno de turno, generalmente, no le interesa proporcionárselo. Y es la masa que decide las elecciones; de allí proviene el error en mantener en los cargos de gobierno a personas que no lo ameritan.

Cuando uno migra y se encuentra ya instalado en los Estados Unidos como un integrante más de los millones de inmigrantes, uno trata de fijar ciertos conceptos y luego transmitirlos a nuestra familia. A mí, en particular, me llamaron mucho la atención tres palabras que se pronuncian continuamente: oportunidad-leyes-justicia. Es lo que establece la diferencia, a mi parecer, en la educación americana; se crea conciencia sobre estas tres palabras, desde el inicio de la formación del niño. Se educa al futuro elector con plena capacidad para tomar decisiones lo más acertadas posibles concernientes hacia su propio beneficio pero muy ligado al beneficio de los demás. El Sistema Americano permite crear conciencia en el ciudadano de lo que constituye una identidad nacional plena y se identifica con élla. El ciudadano ama lo suyo y lo defiende respetando a los demás, pero también exigiendo que se le respete, con plena seguridad de contar con el apoyo de su gobierno, con sus leyes y justicia.

Oportunidad

Cuando arribamos a los Estados Unidos, a nuestras hijas les llamó la atención lo "verde" del paisaje. Se me ocurrió decirles que "verdes" son también los dólares americanos; pero las hojas de los árboles no son dólares, si se quiere contar con ellos hay que trabajar mucho y que mucho más "verdes" vamos a tener si se es profesional. En USA se nos ofrece la oportunidad de lograrlo, basta que cada uno lo intente y se trace como meta alcanzable, todo está en lo voluntad de uno. Es cuestión de mucha **disciplina y estudio** para alcanzar el "sueño americano". En la competitividad escolar, establecida desde los primeros años de formación, se concientiza al niño en ello.

Leyes

En la educación inicial del niño americano es esencial el hecho de que perciba el sentido de seguridad para sí mismo y la de los demás; se le enseña a caminar siempre orientado hacia la derecha, basta con acercarse a un "kínder" y verlos caminar uno tras otro siguiendo las indicaciones de la profesora de hacerlo por la derecha. En cualquier ciudad de los Estados Unidos el resultado se aprecia al manejar un auto o al observar a la salida de las estaciones de los metros o en las calles muy congestionadas de gente, caminar por la derecha, siempre.

Al adoptar el rumbo "derecho", en la connotación de la palabra, se logra enfatizar también el respeto a las leyes. Caminar "derecho" se acepta como tomar el rumbo correcto, cumplir las leyes. Hacerlo por la "izquierda" equivale al incumplimiento de las leyes, cometer delitos. Al caminar "derecho" se evita tropezarse con el que viene caminando por "izquierda".

Justicia

Otro de los principios fundamentales inculcados en el niño americano hacia su formación, es el hecho de enseñarle a marcar el "**911**" en caso de una emergencia o cuando se sienta en peligro o abusado o maltratado por cualquiera. El concepto de lo que es la justicia y de los alcances de los que ella se vale para ejercerla, se enseña con la práctica. El "911" representa a la justicia que alcanza a quien lo solicite.

Los inmigrantes en los Estados Unidos que han logrado alcanzar el "sueño americano", han tenido que superar la "pesadilla americana" a tal punto que se sienten identificados plenamente con la realidad Americana, se integran al sistema de los Estados Unidos. Mantienen gratos recuerdos de sus países de origen, anhelan visitarlo como turistas y lo hacen en vacaciones. Aman a su país natal, pero con el hecho de haberse adaptado prácticamente al sistema americano, expresan su gratitud hacia los Estados Unidos de América respetando sus leyes.

Implicancias de SED

Implicación es sacar al exterior, hacer visible, o comprensible, aquello que está "implicado" en el interior de algo que lo hacía oculto o no comprensible. Implicar es comprometer, hacer participar o involucrar a una persona en un asunto o circunstancia que hasta entonces le era quizás desconocido o no entendido. Con SED se pretende implicar al ciudadano común, con este a su comunidad, y al universo de comunidades con su nación; en el mismo sentido comprometer al gobierno, al estado con sus ciudadanos, a fin de satisfacer la SED. Es un compromiso moral que se debe adquirir dentro de un sistema social por todo su universo: desde el ciudadano común en su hábitat rural o urbano, cualquiera sea su nivel socio-económico y todas las autoridades, cualquiera sea su rango, hasta el político de turno en la Presidencia.

El Estado debe establecer los programas nacionales estrechamente alineados con las estrategias nacionales de protección e inclusión social (**S**eguridad), velar por mantener accesibles a la población el derecho a una **E**ducación con proyecciones hacia un mejor futuro y asegurar se cumplan las leyes, dando el ejemplo en su acatamiento ante ellas mostrando **D**isciplina en sus actos.

La idea que se pretende transmitir con **SED** es que la **E**ducación debe constituirse en el centro de atención del Estado, porque la educación es la base de la **D**isciplina y esta es la base de la **S**eguridad; por lo tanto debe atenderse la SED del ciudadano.

Lo que acontece en los países latinoamericanos y en general en todo país que se denomina subdesarrollado o en vías de desarrollo, a nivel mundial, es sorprendentemente expresado en un poema de un visionario mexicano, Jesús Macario Del Pilar Rocha, quien escribe:

Ángeles Olvidados

Sentado... en la plaza, bajo el frío allá la gente...
simulando alegría, totalmente indiferente ruido,
eso que llaman música,
seguramente ahogando su inconsciencia,
seguramente tratando de ahogar el alcohol que los ahoga,
olvidarse de sí mismos, ejerciendo violencia simulada, simulada de
baile ... de festejos.

Por allí... como extraviados,
como pequeños fantasmas olvidados, con pequeños rostros,
pequeñas manos, pequeñas piernas, ojos grandes ... penetrantes,
pequeños cuerpos sufriendo grandes fríos, grandes hambres, ¡gran
indiferencia!
vendiendo lo que pueden, ¡trabajando!

ni siquiera era madrugada, el reloj marcaba ... tres horas,
su jornada de trabajo ... aún no termina,
pero en ellos nadie reparaba, excepto para decirles ... ¡no!
tal vez ... porque no tienen ángel de la guarda,
había de todas las edades, de ambos sexos
pero todos, todos muy pequeños.

Una lata se convertía en pelota, girando como rueda
... sin fortuna, muñeca hecha de ... caja de chicles,
zapatos ... solamente algunos, los pies curtidos por el frío,
¿el frío de piedras?, ¡no!
el frío estado de los corazones presentes ... y ausentes,
¡humanidad indiferente!,
ellos ... pequeños, en cientos de plazas ... miles de niños,
cuando crezcan ... ya no pasarán inadvertidos,
les llamaremos lacras ... indeseables, ya habremos olvidado ... que
los vimos en la plaza, habremos olvidado el ¡no! ... que les
tiramos, no tendrán mirada dulce, limpia
miraremos rencor e indiferencia, ésa que les dimos,
...ésta que vivimos.

Si alguno escapa a este destino, será un triunfador,
de éxito, no deberá nada ... a nadie,
de latido resistente al dolor e indiferente,
de mirada fría, de aquel frío aprendido,
¿pelear?, no sabe de otra cosa, ¡lastima! ...
antes que te lastimen, ¡gana!, ¡quita!, ¡arrebata!
así ... con la misma, la misma indiferencia,
que otra cosa le brindamos,
una caricia, un abrazo, una mano, para aprender ...
¿amor?, ¿fraternidad?, ¿filantropía?,
¡humanidad indiferente!
ahora, exitoso, poderoso le llamarán, Señor, Señora
ya habremos olvidado ... que lo vimos en la plaza,
habremos olvidado ... el ¡no! ... que les tiramos.

Ellos en la plaza, otros en sus casas,
no sólo existen en la calle muchos, muchos olvidados,
en palacios, fincas, residencias ¿quieres saber qué es?,
toca su corazón, mira sus ojos, pregúntale, ¿es frío?,
¿ves indiferencia?, ¿te miente?, ¿te halaga?, ¿te hiere?,
¿piensa en él ... antes que en ti?,
¡es un ángel olvidado!,
no importa si lo viste en la plaza, o fue olvidado en una casa,
¡humanidad indiferente!
le llamaran, Señor, Señora,
ya habremos olvidado ... el ¡no! ... que les tiramos.

Jesús Macario Del Pilar Rocha
México.Diciembre/2003

Esto es SED, mejor expresado no podría estar. Los niños de ahora son los adultos del mañana; lo que reciban y experimenten los niños de ahora, lo expresarán cuando adultos sean. Hoy reciben amor, mañana corresponderán con lo mismo; hoy reciben indiferencia, mañana serán gran parte del problema social de cualquier nación. Se debe trabajar con los niños de hoy si queremos un mejor país el dia de mañana.

No pretendamos corregir nuestros errores del pasado imponiendo restricciones a los adultos de hoy, pues no estarán dispuestos a obedecerlas; peor aún si son conscientes que los que crean tales restricciones cometen irregularidades amparados en una posición de poder. No pretendamos enmendar nuestra indiferencia de ayer dando dádivas a los que por siglos han padecido por nuestras miserias. Si no fuimos capaces de ofrecer amor ayer, hoy recibimos lo que nos merecemos. Si no corregimos hoy, el mañana será peor de lo que estamos percibiendo ahora.

Estamos obligados a darle prioridad a nuestra niñez, a nuestro poblador rural, a los más necesitados; los más desatendidos en cualquier estrato socio-económico. Tenemos que encontrar el camino para una efectiva integración social a todo nivel junto con un ordenamiento social justo que lleve, en concordancia, a una integración nacional completa.

La teoría de la **integración social** sostiene que la falta de aceptación y de una interacción social positiva tiene consecuencias negativas en el individuo, la familia, la comunidad y la perspectiva social en general. Estudios sobre integración en la sociedad nos han demostrado el impacto positivo de la interacción en grupos aislados de la sociedad. La participación activa en roles sociales ayuda a las personas a construir su autoestima, a su bienestar físico y a obtener un sentido de compromiso con la comunidad que les rodea.

El largo proceso de un **ordenamiento social**, económico y político de los países enmarcados en el intento del desarrollo, se encuentra muy atascado o está totalmente agotado y si a ello le agregamos la **corrupción** imperante en los diferentes estamentos de muchos gobiernos, se genera en la población desconfianza, hambre, miseria, inconformidad, violencia, criminalidad e inseguridad. El individuo que, formando parte de la sociedad, recibe el beneficio del apoyo de su gobierno con políticas adecuadas y que le han permitido identificarse con su nación, posee **identidad nacional**, será capaz de trabajar por el desarrollo socio-económico de su comunidad y por ende de su país, transmitiendo su positividad a sus vecinos y a su descendencia.

Esto es la finalidad de SED. Lograr llegar al ciudadano común inculcándole la necesidad de integrarse a su comunidad, ser partícipe de su desarrollo, tomar acción en la solución del problema y no ser parte de ello. Pero para alcanzar este propósito es el Estado el que tiene que asumir su responsabilidad de proveedor de las condiciones necesarias para que **SED** llegue al ciudadano.

El Estado tiene las capacidades necesarias para garantizar y proteger los derechos humanos del ciudadano directamente comprometidos con la Seguridad, la Educación y la Disciplina.

Ω

II

NUESTRA REALIDAD

Transcurridos siglos de haber logrado sus respectivas "independencias" como colonias de países poderosos, muchas de las naciones actuales llamadas del "tercer mundo" o subdesarrolladas o en vías de desarrollo, se encuentran padeciendo de SED. Sus respectivos gobiernos no atienden sus necesidades como corresponde.

En latin-américa, contando con un gran potencial humano y geo-económico, la gran mayoría de los países no han iniciado siquiera su despegue "macro-económico". En el Perú se han establecido las bases, pero SED es aún muy manifiesto por una carencia de atención gubernamental.

Un amigo periodista peruano radicado en Miami, Juan Reyes, nos ofrece en una nota su visión general de la evolución que ha experimentado el Perú en el camino hacia su desarrollo:

"Desde mediados del año 1990 la economía peruana, que venía atravesando una grave crisis, fue materia de la aplicación de un programa de ajuste macroeconómico, apertura comercial y reformas estructurales que consideraron entre otras medidas, la privatización de las empresas públicas, la desregulación y modificaciones en la estructura administrativa del Sector Público. Dichas medidas buscaron reducir drásticamente la inflación y crear las condiciones para retomar la ruta del crecimiento y desarrollo sostenido, así como una progresiva reinserción al entorno internacional, todo ello ha llevado a nuestro país a un progreso positivo.

En tal sentido, este capítulo presenta en primer lugar una visión general de la evolución de las principales variables que permiten apreciar la situación macroeconómica y social del país. En un segundo lugar la situación de los sectores productivos en auge. Pero aún la pobreza no ha podido ser aplacada, los pueblos marginales, distantes a las urbes en desarrollo se encuentran olvidados, donde la publicitada inclusión social aún no ha hecho su aparición.

Por otro lado, el Perú es visto como un país que avanza hacia la estabilidad económica positiva, así lo entiende la comunidad internacional, pero por otro lado nuestro país no esta ofreciendo seguridad para sus habitantes, la proliferación de la criminalidad, la delincuencia común, el secuestro y la corrupción en sus diferentes estamentos del gobierno central, regional, provincial y distrital están a la orden del día, creo le toca al gobierno central tomar medidas más drásticas, que simples paños de agua tibia, la situación es grave y lo amerita....."

En muchas zonas rurales de nuestros países viven comunidades que, separadas una de otra por unos escasos kilómetros de distancia, también se encuentran separadas por el desarrollo alcanzado en forma desproporcional. Personalmente, en diciembre pasado del 2013, en un viaje por la serranía de Cajamarca pude comprobar lo descrito en la nota de Reyes en dos comunidades campesinas.

Una, Cumbemayo, muy atractiva por su paisaje petreo, una obra de arte de la naturaleza, pero la más evidentemente pobre; a unos 50 kilómetros se encuentra la otra, Porcón, con un notorio desarrollo apreciado con solo observar el paisaje con sembrios fructíferos, los cerros cubiertos del verdor de los pinos que cubren el 90 % de las 11 mil hectáreas de tierra fértil y, libremente pastando, se aprecia al muy abundante ganado vacuno, ovino, equino, auquénidos y otros.

Dos situaciones diametralmente opuestas en una misma zona territorial. En una, se puede contemplar a un niño halándote la ropa, no tanto pidiendo limosna, sino lo que estás comiendo o bebiendo para saciar su necesidad; en la otra parte se aprecia una construcción sólida en las casas y a los niños bien vestidos, en sus juegos, mientras los más jóvenes con auriculares escuchando música o tecleando un celular; el adulto maniobrando un tractor para hacer los surcos o cosechar lo sembrado.

En ambas comunidades la base de la economía es la agricultura y la ganadería, además del turismo que en los últimos años se ha venido incrementando notablemente. Porcón es una cooperativa de 54 familias que posee cerca de 11 mil hectáreas sembradas con doce millones de pinos. Gran parte de la madera es vendida para la producción de papel y otra parte es destinada a la fabricación de muebles en los talleres de carpintería de la misma comunidad. Cumbemayo no cuenta con las mismas facilidades. El **empoderamiento** no ha sido equitativo.

Tras 25 años de loable labor campesina y gracias a la intervención gubernamental inicial en el proceso de reforestación en Porcón, que también se programó para otras zonas como Cumbemayo, se ha logrado restaurar la flora y resguardar la fauna. El desarrollo en muy evidente.

El mérito, a mi parecer, corresponde a la acción educativa y motivadora de una organización evangélica que por más de 50 años trabaja con la comunidad campesina de Porcón. Por un mecanismo de cooperación mútua, con disciplina y con un alto sentido de organización han logrado demostrar que en el Perú y en toda nación en desarrollo las condiciones existen, lo que se requiere es el apoyo incondicional de los que obstentan el poder de gobierno. Hay que encaminar al poblador para que desarrolle sus capacidades, sus talentos.

Lo único que se tiene que hacer es e**ducar**, establecer normas (**d**isciplina) y proporcionar a los ciudadanos, por parte del gobierno, los **s**ervicios necesarios a fin de permitirle encaminarse hacia el desarrollo con la seguridad de alcanzarlo. Se requiere con urgencia una mayor acción de las políticas públicas hacia los más necesitados.

Lo comprobado en el campo y expuesto aquí lo demuestra el informe "Pobreza y desigualdad 2013" publicado por RIMISP

(Centro Latinoamericano para el Desarrollo Rural) donde se concluye que la situación promedio de las diferentes regiones en latino-américa han mejorado, sobretodo en algunos sectores como salud y educación, y en indicadores como reducción de la pobreza.

Pero esta respuesta positiva de desarrollo solo se aprecia en sectores donde la acción de la política pública ha intervenido notoriamente. Los ciudadanos que habitan en los territorios más rezagados, menos atendidos y menos dotados se mantienen pobres, o más que antes. La brecha entre los ricos y los muy pobres es más amplia ahora que antes.

Todo esto es producto de la aplicación de una política de la llamada **globalización**, adoptada con buen criterio y con mejor resultado para la población que ha comprendido su papel dentro del proceso, pero no para aquellos que no han recibido la información debida o no han contado con el apoyo gubernamental adecuado para ponerla en práctica en su entorno, como se demuestra en el caso de Cumbemayo y Porcón.

La madre tierra se encuentra muy enferma, los ríos, los bosques, las montañas, los glaciares y los mares, junto con su flora y fauna, están agonizando.

El modelo de desarrollo implementado por nuestros países, siguiendo las recomendaciones de las agencias internacionales, se centra en lo siguiente:

✓ En la industrialización (que agotan nuestros recursos naturales y contaminan nuestro espacio)
✓ En el libre mercado
✓ En la competitividad y
✓ En la globalización.

Pero esto nos está llevando no solo a una catástrofe ecológica sino a una crisis humana centrada en la violencia y el irrespeto por la naturaleza, por la autoridad y por el prójimo.

Si a todo esto agregamos el **cambio climático**, que los expertos señalan como consecuencia del mal uso de los insumos naturales por la industrialización, nos encontramos entonces ante una verdadera crisis de civilización. ¿Será el final del mito del "desarrollo y la modernidad"?

Ante esta situación, los niños, niñas, adolescentes y jóvenes estan viviendo situaciones irreversibles, las mismas que obscurecen las perspectivas para el futuro de la infancia y la juventud. Serán estas generaciones las que tendrán que "pagar", mañana más tarde, por el manejo inescrupuloso de la naturaleza, y sufrir por la falta de atención recibida de parte del gobierno durante su infancia y adolescencia. Y lo que es peor, sus intereses, sus derechos y sus voces se encuentran invisibilizadas y al margen del mundo de la política, de sus gobernantes y del "crecimiento y desarrollo" de las grandes urbes.

En nuestros países, por muchas generaciones, se viene ofreciendo a los niños una educación básica que ha permitido fijar en sus memorias conceptos y prácticas como el consumir, explotar, reemplazar, desechar y botar, dejando de lado conceptos como reciclar, reutilizar, preservar, cuidar, conservar, proteger y respetar.

Cuando el adolescente se hace jóven y logra ingresar a la Universidad, al recibir una instrucción orientada a meditar sobre sí mismo y sobre su papel en la sociedad, se enfrenta a otra realidad que no había percibido en su infancia y adolescencia. Los conceptos de patria, nación y estado se le hacen evidente; en su niñez tales conceptos no alcanzaban un sentido, ni las políticas sociales del gobierno intentaban impartir la información adecuada para que se afiansen tales conceptos, en su debido momento.

Como resultado de todo ello se tiene una sociedad en crisis, con educación tal vez sí, pero no con una instrucción adecuada que esté orientada a resaltar los valores humanos. No hay sensibilidad social, cada quien lucha su propia batalla. Cada quien busca su propio bienestar, cuando el mismo debería ser el objetivo principal del gobierno hacia todos sus ciudadanos.

A la persona que tuvo la oportunidad de acudir a una Universidad se le abrió otro mundo; hizo nuevos amigos, adquirió nuevos conocimientos; pero también recibió nuevas influencias, nuevas ideas, que determinaron su futuro. El estudiante que acude al claustro universitario recibirá el conocimiento necesario a fin de mejorar su capacidad de raciocinio; aprende a manejar con más criterio el hecho de meditar, dilucidar, discutir y recapacitar, lo que le permite tomar mejores decisiones. Notamos el cambio muy drástico en cuanto a conceptos socio-políticos, que ni siquiera habíamos percibido durante nuestros estudios básicos. La educación en los primeros años de la vida del ser humano es trascendente, pero sería aún más beneficiosa si fuese una educación-formativa hacia adquirir conceptos de identidad nacional. Una amiga me envió por e-mail el siguiente mensaje que quizás exprese mejor lo anterior.

Ser de Izquierda o de Derecha

Una universitaria cursaba el último año de sus estudios en la Facultad. Como suele ser frecuente en el medio universitario, la chica pensaba que era de izquierda y, como tal, estaba a favor de la distribución de la riqueza. Ella tenía vergüenza de su padre. Él era de derecha y estaba en contra de los programas socialistas.

La mayoría de sus profesores le habían asegurado que la de su papá era una filosofía equivocada. Por lo anterior, un día ella decidió enfrentar a su padre. Le habló del materialismo histórico y la dialéctica de Marx tratando de hacerle ver cuán equivocado estaba al defender un sistema tan injusto. En eso, como queriendo hablar de otra cosa, su padre le preguntó:

-¿Cómo van tus estudios universitarios?

-Van bien -respondió la hija, muy orgullosa y contenta-; tengo promedio 9, hasta ahora. Me cuesta bastante trabajo, no voy a los boliches, no salgo, no tengo novio y duermo cinco horas al día, pero, por eso ando bastante bien, y voy a recibirme en término.

Entonces el padre le pregunta:

-Y a tu amiga Soledad, ¿cómo le va?

La hija respondió muy segura:

-Bastante mal, Sole no se exime porque no alcanza el 6, (tiene 4 de promedio), pero ella se va a bailar, pasea, fiesta que hay está presente, estudia lo mínimo, y falta bastante... no creo que se reciba, por lo menos este año.

El padre, mirándola a los ojos, le respondió:

-Entonces hablá con tus profesores y pediles que le transfieran 2,5 de los 9 puntos tuyos a ella. Esta sería una buena y equitativa distribución de notas porque así las dos tendrían 6,50 y aprobarían las materias.

Indignada, ella le respondió:

-¡Estás en pedo vos? ¡Me rompo el traste para tener 9 de promedio! ¡Te parece justo que todo mi esfuerzo le pase a una chanta, vaga, que no se calienta por su carrera! Aunque la persona con quien tengo que compartir mi sacrificio sea mi mejor amiga... ¡¡No pienso regalarle mi trabajo!!

Su padre la abrazó cariñosamente y le dijo:

-¡Bienvenida a la derecha!

Moraleja: **Todos somos rápidos para repartir lo que es ajeno.**

Al entrar la **globalización** a ser parte del intento de las naciones en vias al desarrollo de iniciar el despegue hacia ello, muchos gobiernos adoptaron sus principios basados en la libre competencia pretendiendo que la actividad económica en el respectivo país sea regulada por los mercados. En el Perú, desde inicio de los 90' se adoptó un modelo de globalización, que ha permitido un notable y sostenido crecimiento económico, pero contrariamente a lo que se pretendía lograr con su instauración, las condiciones internas aún se ven seriamente afectadas por altas tasas de pobreza, desigualdad y exclusión social.

Hoy en día, la globalización está caracterizada por la concentración de la población en zonas urbanas. El poblador común abandona las zonas rurales al considerar que en las grandes ciudades encontrará los mecanismos adecuados para lograr el anhelado desarrollo. Este migrante interno se encuentra con una realidad que no encontró en su entorno rural; comprende con bastante claridad que las innovaciones tecnológicas en las áreas de la electrónica, computación, comunicaciones, y en el transporte son esenciales para un mejor futuro. Lamentablemente la competencia urbana es cada vez más exigente, muy frustrante para muchos.

Al no encontrar la solución esperada a su motivación que lo llevó a migrar, el ciudadano tiene que satisfacer sus necesidades y buzca los medios necesarios a fin de lograrlo. Así se convierte en un ciudadano expuesto a negativas influencias que lo pueden llevar a cometer delitos.

Según las Naciones Unidas (UNCTAD, 1999), los efectos negativos de la globalización se observan con mayor gravedad en la población de los países más pobres y en los frágiles mecanismos internacionales para asegurar la paz mundial. En los países en desarrollo, las políticas globales de privatización, corte de gastos públicos, y la liberalización de regulaciones económicas, han reducido la capacidad de los gobiernos nacionales para invertir en programas de desarrollo y justicia social. Para muchos de estos países, como lo afirma el escritor mexicano Carlos Fuentes (2000), lo que esta ocurriendo es la "globalización de la pobreza".

**Darío Menanteau Horta. "Impactos Socio-Políticos de la Globalización en América Latina". Revista Austral de Ciencias Sociales, Nº 6, 2002, pp. 19-34*

En la última década, el Perú ha mejorado sus índices macroeconómicos y viene destacando por su dinamismo económico. En general, el ingreso per cápita de los peruanos ha mejorado, y también han empezado a disminuir los índices de pobreza. Pero se mantiene aún el marcado desequilibrio y la desigualdad en la distribución del ingreso. Si se puede aceptar como un motivo de resignación el hecho de que el mismo fenómeno sucede en toda América Latina, no se debe concebir la idea de que no se tenga una solución. Solo hay que satisfacer la SED de los pueblos.

A fin de favorecer el avance de la globalización, la política pública del gobierno sigue las recomendaciones para estimular las economías en América Latina que dan las agencias internacionales tales como el Banco Mundial o el Fondo Monetario Internacional. Estas entidades coinciden en ofrecer una receta doble de austeridad fiscal por un lado y la implementación de cortes de presupuesto y privatización por el otro. Estas recomendaciones han terminado por limitar el poder del estado como administrador de industrias y servicios y como gestor de nuevas políticas para el bienestar social de los pueblos.

La Comisión Económica Para América Latina (CEPAL), informa que aun cuando muchos países de la región han manejado sus economías en la dirección de expandir su crecimiento en forma importante, la mayor parte de ellos no ha logrado solucionar el problema de desigualdad de ingreso y mejorar las condiciones sociales de su población. El informe de CEPAL, concluye *que "hay un consenso general el cual indica dificultades para encontrar señales promisorias que den evidencia a razones para mejorar esta situación en forma significativa en el corto y mediano plazo."*

Estos informes tienden a indicar que uno de los caminos a seguir para solucionar esta situación, seria el lograr una mayor inversión en programas para mejorar la salud, la educación, y las fuentes de trabajo para la población de América Latina.

Por todo esto, tanto constatado personalmente como evidenciado por los organismos de reconocido prestigio mundial, los programas nacionales a implementarse en cada nación de bajo desarrollo socio-económico deberán estar estrechamente alineados con las estrategias nacionales de protección social e inclusión social recomendadas por las organizaciones especializadas en la materia.

Lamentablemente, en la mayoría de los países de la región, las funciones del estado se han visto reducidas y paralizadas, al servicio de los intereses de las grandes industrias y negocios, que generan los ingresos al fisco. No existe un interés real en atender las necesidades de los rezagados. Esto favorece el surgimiento de la informalidad, motivada por la falta de regulación y la urgencia de auto-abastecerse del que lo practica y, lo que es peor, lleva al individuo desatendido a la criminalidad y al que ocupa cargos gubernamentales a una posible actividad corrupta alimentada tanto por los que manejan el dinero que se mueve, como por los que tratan de conseguirlo.

Todo lo que una persona recibe sin haber trabajado para obtenerlo, otra persona deberá haber trabajado para ello, pero sin recibirlo. El gobierno no puede entregar nada a alguien, si antes no se lo ha quitado a alguna otra persona.
Cuando la mitad de las personas llegan a la conclusión de que ellas no tienen que trabajar porque la otra mitad está obligada a hacerse cargo de ellas, y cuando esta otra mitad se convence de que no vale la pena trabajar porque alguien les quitará lo que han logrado con su esfuerzo, eso... mi querido amigo... ...es el fin de cualquier Nación.
"No se puede multiplicar la riqueza dividiéndola".

Dr. Adrian Rogers, 1931

SED en Diagramas

Lo ideal en una sociedad es que exista la seguridad, la educación y la disciplina muy ligadas entre sí a fin de que se manifieste el beneficio en común, para todos por igual. Al igual que la palabra SED que obtiene sentido cuando juntamos las tres letras que la componen.

La facilidad con que se puede objetivizar lo señalado mediante los círculos en el diagrama de Veen, es lo que me ha permitido teorizar para explicar mis ideas. Mientras más correspondencia exista entre lo contenido en los círculos, mayor será la afinidad entre ellos. En una sociedad, mientras más estrecha relación exista entre los círculos, mayor el acercamiento, mayor el beneficio común. Aún mayor será la identidad entre sus componentes.

Enseguida se presenta la representación gráfica que hemos decidido utilizar, con los diagramas de Veen, de lo que se quiere expresar con la denominación: SED.

SED:

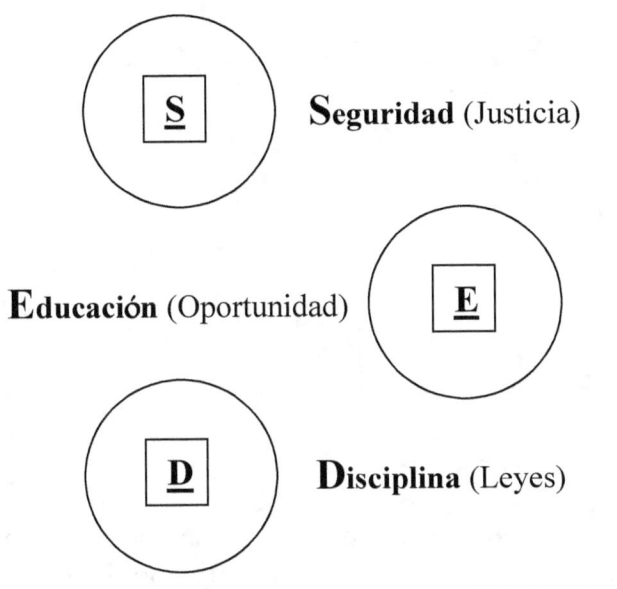

Seguridad (Justicia)

Educación (Oportunidad)

Disciplina (Leyes)

Aunque no se puede lograr la igualdad total en la sociedad, que sí se logra con la teoría de Veen, igual al usar el diagrama de Veen nos favorece demostrar lo que todos sabemos. No hay una sociedad perfecta, un sistema de gobierno perfecto, una nación perfecta. Así como no existe un ser humano perfecto.

Mientras en el diagrama de Veen se habla de congruencia (relación lógica y coherente que se establece entre dos o más conjuntos) cuando los círculos se intercalan con elementos iguales; bajo nuestra perspectiva la existencia de congruencia en la sociedad la llamaremos **Identidad Nacional IN** y/o Integración Social.

La representación anterior, con los círculos separados sería lo menos indicado en una sociedad civilizada. No existe congruencia, no hay integración social, no existe identidad nacional. Mientras los círculos se encuentren más ligados unos a otros, como en el gráfico que sigue, se consigue una mayor integración social / identidad nacional.

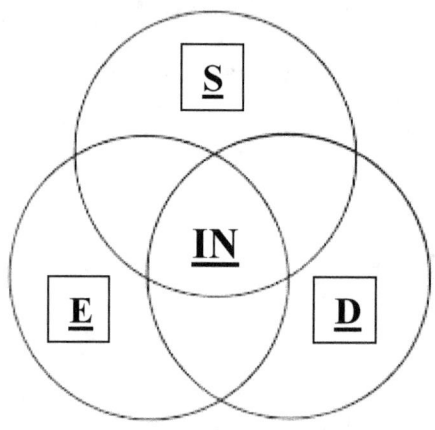

A nuestro criterio, por lo tanto, en una nación, cuanto más grande es la intersección de los círculos, que se produce cuando se satisface la SED de los ciudadanos, mayor es el incremento en el concepto de la identidad nacional de los pobladores. Mayor es la congruencia. Mayor la satisfacción, la tranquilidad y el progreso. La población es mucho más disciplinada, ordenada y se siente muy segura. Dispuesta a cumplir las leyes, ajustarse a la justicia y con la mente ocupada en alcanzar sus metas aprovechando la oportunidad con todas sus energías.

Si a la población se le brinda la satisfacción de SED existe Identidad Nacional, por lo contrario existirá desorden social. En nuestros países "tercermundistas" se requiere con urgencia un

reordenamiento social. Una plena presencia del gobierno en cada ámbito nacional. El ciudadano exige y tiene el derecho a un empoderamiento justo y equitativo; eso se logra solo cuando se satisface SED.

Ω

III

SEGURIDAD

Seguridad es la característica de algo o alguien que es o está seguro; tiene la certeza o conocimiento claro y seguro de algo. Algunos sinónimos son: certeza, certidumbre, confianza, convicción, evidencia, convencimiento y fe. Algunos antónimos serían inseguridad y vacilación. También se entiende como una medida de asistencia, subsidio o indemnización. Existen algunas palabras con significado similar como estabilidad, garantía, protección, asilo, auxilio, amparo, defensa y fianza. Palabras opuestas serían desprotección y desamparo.

La historia de la humanidad nos ha demostrado que el ser humano, desde que deja evidencia de su presencia en la tierra, ha tratado siempre de convivir en grupos con otros seres humanos con la finalidad de asegurar su subsistencia. Desde el inicio de la humanidad el hombre primitivo tuvo el instinto, la intuición y adoptó la actitud o estado de alerta; tomó conciencia respecto al hecho de desear, buscar, sentir o tener realmente algún margen de seguridad. El hombre primitivo buzcó en grupo lo indispensable para la sobrevivencia: sus alimentos y vestimentas, la protección que le brindaban los refugios; para ello, el vigor físico y una buena salud, eran indispensables. Supo valorar los beneficios del trabajo en comunidad.

El hombre pre-histórico al presentir la presencia de algún tipo de peligro, tuvo la necesidad de crear un propósito de seguridad. Al observar su entorno, sintió inquietud por conocer mejor el ambiente circundante, tener más conciencia de lo que le era indispensable para vivir, visualizando al máximo todo aquello que pudiera afectarlo negativamente y finalmente prepararse para afrontar con afectividad todos esos peligros.

Hemos llegado al siglo XXI y el ser humano aún siente el peligro de la inseguridad para alcanzar un futuro mejor. Realmente desconocemos el sentido práctico de la seguridad ya que hablamos de seguridad como un factor de obligación del gobierno de proporcionar un aparato policial para salvaguardar la vida de todos. Esto es totalmente contrario a lo que debemos aceptar en el ámbito de seguridad y desarrollo de la sociedad y el ser humano.

La seguridad en el ser humano nace de la necesidad de preservar su vida y velar por su espacio; con el tiempo ha ido creando facultades para proteger su medio de hábitat, conociéndolo en sus fortalezas y debilidades. El estado, como ente de gobierno, que el propio ser humano se ha impuesto sirve para garantizar sus derechos y hacer cumplir sus deberes con justicia. El estado debe tener las bases para establecer un pacto social con el ciudadano que refuerce la confianza en el gobierno, aliente la participación social en la vida democrática y reduzca los índices de inseguridad.

Lamentablemente, en la actualidad, en muchos de nuestros países las políticas del estado no permiten que el ciudadano común alcance el conocimiento adecuado y verídico de nuestras realidades políticas-sociales y tenga una participación plena en el estado. Y, lo que es peor, se pretende, por medio del desconocimiento, que exista el temor a participar de nuestro medio y de exigir al estado lo que está obligado a otorgarle; esto le permite al estado tener la ventaja de crear una realidad superficial de lo que tenemos en el entorno territorial. No se logra desarrollar el concepto de identidad nacional, indispensable para el desarrollo.

El estado debe llegar al ciudadano con toda la información necesaria y real a fin de que éste tome sus propias decisiones. Solo con una **educación** orientada hacia ello desde las bases de la niñez, se alcanzará conciencia de lo que significa identidad nacional.

Una sociedad responsable y concientizada de su seguridad está en mejores condiciones para hacer frente a los desafíos actuales y ganar en términos de desarrollo y prosperidad.

El Presidente de los Estados Unidos Franklin Delano Roosevelt en su discurso ante el Congreso del 6 de enero de 1941, enumeró las cuatro libertades que guiarían el acercamiento de Estados Unidos al mundo: la libertad de expresión, la libertad de culto, la libertad de la miseria y la libertad del miedo. Estas frases fueron incorporadas después en la Declaración Universal de los Derechos Humanos.

*La seguridad ciudadana se entiende como la acción del Estado para proteger al ciudadano y asegurar su calidad de vida. Desde la perspectiva de los derechos humanos, cuando en la actualidad hablamos de **seguridad** no podemos limitarnos a la lucha contra la delincuencia, sino que estamos hablando de cómo crear un ambiente propicio y adecuado para la convivencia pacífica de las personas. Por ello, el concepto de seguridad debe poner mayor énfasis en el desarrollo de las labores de prevención y control de los factores que generan violencia e inseguridad, que en tareas meramente represivas o reactivas ante hechos consumados."*

* Comisión Interamericana de Derechos Humanos (2009).
Informe sobre seguridad ciudadana y derechos humanos.
Washington DC, 20 de junio de 2009.
http://www.oas.org/es/cidh/docs

La seguridad se constituye como un fundamento esencial para el desarrollo y el progreso de una sociedad con plena libertad; es imprescindible un entendimiento básico y generalizado de la importancia de la seguridad como garantía de bienestar de los ciudadanos y de la estabilidad del propio estado.

Estas son las bases para la reconceptualización del concepto de seguridad, el cual ya no se fundamenta en las nociones de soberanía, territorialidad y poderío militar que fueron tradicionales, sino en lograr la libertad del miedo y la libertad de la necesidad o de la miseria.

En América Latina se impuso la doctrina de la **seguridad nacional** y los países de la región, con algunas excepciones, vivieron las épocas más difíciles de su historia, con sangrientas dictaduras, irrespeto de los derechos humanos y la imposición de sistemas totalitarios. El concepto de seguridad fue asociado a esta noción de seguridad nacional.

Desde la publicación del primer Informe sobre Desarrollo Humano (IDH) global del Programa de las Naciones Unidas para el Desarrollo (PNUD) en 1990, la mayoría de los países ha registrado un desarrollo humano significativo. El Informe de Desarrollo Humano de 1994 definió la seguridad humana a partir de dos aspectos principales:

"En primer lugar, significa seguridad contra amenazas crónicas como el hambre, la enfermedad y la represión. Y en segundo lugar, significa protección contra alteraciones súbitas y dolorosas de la vida cotidiana, ya sea en el hogar, en el empleo o en la comunidad".

La seguridad humana integra tres libertades: la libertad del miedo, la libertad de la necesidad (o miseria) y la libertad para vivir con dignidad:

*• **Libertad del miedo**, implica proteger a las personas de las amenazas directas a su seguridad y a su integridad física, se incluyen las diversas formas de violencia que pueden surgir de Estados externos, de la acción del Estado contra sus ciudadanos y ciudadanas, de las acciones de unos grupos contra otros, y de las acciones de personas contra otras personas.*

*• **Libertad de la necesidad o de la miseria**, se refiere a la protección de las personas para que puedan satisfacer sus necesidades básicas, su sustento y los aspectos económicos, sociales y ambientales relacionados con su vida.*

*• **Libertad para vivir con dignidad**, se refiere a la protección y al empoderamiento de las personas para librarse de la violencia, la discriminación y la exclusión. En este contexto, la seguridad humana va más allá de la ausencia de violencia y reconoce la existencia de otras amenazas a los seres humanos, que pueden afectar su sobrevivencia (abusos físicos, violencia,*

persecución o muerte), sus medios de vida (desempleo, inseguridad alimentaria, amenazas a la salud, etc.) o su dignidad (violación a los derechos humanos, inequidad, exclusión, discriminación).

Según el mismo Informe, las amenazas a la **seguridad humana** pueden clasificarse en siete categorías*:

Posibles tipos de amenazas a la seguridad humana	
Tipo de seguridad	*Ejemplos de principales amenazas*
Seguridad económica	*Pobreza persistente, desempleo*
Seguridad alimentaria	*Hambre, escasez de alimentos*
Seguridad de la salud	*Enfermedades infecciosas mortales, alimentación deficiente, desnutrición, ausencia de acceso a cuidados básicos de salud*
Seguridad ambiental	*Degradación ambiental, agotamiento de recursos, desastres naturales, contaminación*
Seguridad personal	*Violencia física, crímenes, terrorismo, violencia doméstica, trabajo infantil*
Seguridad comunitaria	*Tensiones inter-étnicas, religiosas y otras similares*
Seguridad política	*Represión política, violación a los derechos humanos*

* 2010 Instituto Interamericano de Derechos Humanos

Por todo lo señalado se debe considerar que el Estado debería adoptar, como objetivo principal, brindar seguridad a sus ciudadanos. El Estado debe actuar promoviendo los mecanismos necesarios para dar a conocer, prevenir e intervenir a fin de que las personas, familias, grupos sociales y organizaciones en general, tengan acceso a los medios para satisfacer su seguridad, especialmente si se encuentran en situación de riesgo social o exclusión.

La seguridad humana es una preocupación universal. Es pertinente a la gente de todo el mundo, tanto en países ricos como en los países pobres. La intensidad de las amenazas puede variar de un lugar a otro, pero éstas son reales. Es más fácil velar por la seguridad humana mediante la prevención temprana, que con la intervención posterior.

Como se ha presentado líneas arriba, las conclusiones del Informe de Desarrollo Humano nos lleva a conceptuar que es el Estado quien debe tomar las medidas necesarias para proveer Seguridad en un sentido muy amplio:

- ✓ Seguridad económica
- ✓ Seguridad alimentaria
- ✓ Seguridad de la salud
- ✓ Seguridad ambiental
- ✓ Seguridad personal
- ✓ Seguridad comunitaria
- ✓ Seguridad política

Esto es seguridad en toda la amplitud de la palabra, seguridad a la que todo miembro de una sociedad debería tener acceso justo y equitativo. En el mismo documento: Informe de Desarrollo Humano, se precisan ejemplos de las principales amenazas que la afectan y, por lo tanto, requieren ser atendidas. Esto nos permitiría concluir como que los siete tipos de seguridad constituyen derechos que el Estado debe proteger y proveer al ciudadano. Se debe entender al Estado como garante de estos derechos, así como el principal agente en la provisión de los servicios requeridos.

El estado como principal garante de los derechos del ciudadano debe orientar sus acciones en política social, fundamentalmente, hacia la provisión de una adecuada seguridad, información, educación y salud; superando el tradicional enfoque de proporcionar satisfacción de necesidades, apostando más por un enfoque que lleve a la total satisfacción de derechos hacia los ciudadanos.

La seguridad, la educación y la salud junto con una fideligna información, se consideran de esta manera no sólo derechos humanos fundamentales sino también como instrumentos claves en la lucha contra la pobreza, la no discriminación y el logro de un reparto equitativo de las riquezas a fin de alcanzar un desarrollo humano y económico sostenible.

En el Perú, a pesar del continuo crecimiento económico de los últimos años, las tasa de pobreza y extrema pobreza siguen siendo elevadas, y su disminución continúa siendo muy lenta, en particular en el caso de la extrema pobreza en el ámbito de las zonas rurales tanto de la selva como, sobre todo, de la sierra rural, poniendo de manifiesto   las desigualdades en la distribución de la riqueza y la situación de **exclusión** en que viven importantes sectores de la población del país.

SEGURIDAD > < JUSTICIA

Ya anteriormente, en nuestra introducción, para los fines de la sustentación de SED, se hizo una correlación de términos: **S**eguridad (por Justicia), **E**ducación (por Oportunidades) y **D**isciplina (por Leyes).

Como hemos venido señalando, el ser humano para sentirse seguro, decide convivir en sociedad dentro de un orden social regulado por leyes (**D**isciplina), protegido y afecto a un sistema de justicia (**S**eguridad) y teniendo a su alcance la oportunidad (**E**ducación) de lograr sus metas trazadas, con plena libertad.

La seguridad se constituye en un derecho y como tal se puede exigir su satisfacción comprometiendo al Estado a establecer normas y velar por que se cumplan con Justicia.

En párrafos anteriores se indicaron los conceptos emitidos por los expertos al relacionar la seguridad humana con las libertades inherentes al derecho humano y concluir que es el Estado quien debe garantizar la seguridad de la población. Para cumplir con ello se establecen leyes y un sistema de Justicia dentro de un orden social que permitan una seguridad amplia.

El **orden social** se entiende como la forma en que las comunidades se organizan, integrando una sociedad. En una sociedad hay orden social cuando una buena parte de los actos individuales y grupales se encuentran coordinados y regulados con fines sociales, por lo tanto en beneficio de todos. Esa coordinación y regulación de conductas solo se llega alcanzar cuando se establecen jerarquias de mando y obediencia entre los integrantes de la sociedad.

Así nació el concepto político de **Estado** que se entiende como una forma de organización social, económica, política soberana y coercitiva, formada por un conjunto de instituciones no voluntarias, que tiene el poder de regular la vida nacional en un territorio determinado. El Estado será justo cuando todos y cada uno de los miembros de la sociedad, regidos por dicho orden, se hagan acreedores de lo que merecen. Con Justicia.

Los hombres conviven en sociedad de acuerdo a un orden establecido por ellos mismos, un orden social, y como tal, la justicia que adquiere valor en dicho orden será de caracter social. El ordenamiento social moderno no se puede concebir sin la existencia de un Estado comprometido con ello.

Surge el concepto de **Estado de Derecho**, como una teoría política, jurídica y moral que sostiene que toda acción gubernamental solo podrá ser ejecutada siguiendo leyes escritas, que deben haber sido adoptadas mediante un procedimiento establecido. El Estado de Derecho consiste en la sujeción de la actividad estatal a la Constitución y a las normas aprobadas conforme a los procedimientos que ella establezca, que garantizan el funcionamiento responsable y controlado de los órganos del poder, el ejercicio de la autoridad conforme a disposiciones conocidas y no retroactivas en términos perjudiciales, y la observancia de los derechos individuales, colectivos, culturales y políticos. En un Estado de Derecho, el Estado siempre estará sometido y limitado por el Derecho. En el Estado de Derecho prevalece el gobierno de las leyes sobre el arbitrio de los hombres, al tiempo que se reconocen y garantizan las libertades de los ciudadanos. Por ello, es un patrimonio común que debe ser creado, protegido y consolidado responsablemente por todos los actores políticos.

Al establecerse el principio de legalidad y ponerlo por escrito, los ciudadanos reconocen los causales que pueden llevarlos a su debida detención legal y el respectivo castigo civil o penal. Por otra parte el ciudadano se siente protegido en sus derechos individuales ya que también se han establecido límites al poder disciplinario del estado.

Las normas que se establecen en la Constitución o Ley Jurídica, brindan pues seguridad y protección a los derechos ciudadanos y deben ser debidamente garantizados por los destinatarios del ordenamiento jurídico.

Debido a que, humanamente, se tienen diferentes escalas de valores que cada participante de la sociedad maneja a su propia valoración y/o interpretación, se originan los intereses en conflicto. Es aquí donde actúa la justicia, asegurando y garantizando los derechos de los ciudadanos. Así, la idea de justicia se transforma de un principio que garantiza la libertad individual, en un orden social que protege determinados intereses para todos, considerados esenciales por la mayoría de los miembros de la sociedad.

Justicia es el arte de hacer lo justo, es la voluntad constante de dar a cada uno lo que es suyo; es la virtud de cumplir y respetar el derecho, es otorgar los derechos a un individuo, es el exigir sus derechos. La Justicia es ética, equidad y honradez. Es aquel sentimiento de rectitud que gobierna la conducta y hace acatar debidamente todos los derechos de los demás. La Justicia no es solo el dar o repartir cosas, bienes o servicios al ciudadano, sino el saber decidir a quien le pertenece o corresponde equitativamente y por derecho, esa cosa, bien o servicio.

Para Kant, la conducta humana es buena o justa cuando está determinada por normas (leyes), ante las cuales los hombres que actúan dentro de una sociedad, pueden o deben desear que sean obligatorias para todos. Esto, en bien de la SEGURIDAD, se cumple si existe un aparato de JUSTICIA que lo garantice.

En el libro de Platón "La República", la justicia se basa en el reparto equitativo de los beneficios de una ciudad entre sus habitantes, de modo que para gobernar de manera justa, aquellos que menos tienen deben ser los más favorecidos por la organización de la ciudad. Según esto, los gobernantes que quieran serlo de una ciudad, no pueden ser aquellos que ambicionen el poder para su propio enriquecimiento, sino que deben gobernar aquellos que lo hagan en virtud al desarrollo común. Si el gobierno recayese sobre aquellos que lo ambicionan, la sociedad sería deficiente e injusta.

Platón señala también que en hacer cada uno lo suyo y en no multiplicar sus actividades era, precisamente, en lo que consistía la justicia. La justicia = hacer cada uno lo suyo. Esto es el concepto de justicia en sociedad, lo cual consiste en que cada uno ocupe su puesto.

Por consiguiente, **justicia social** consiste en la realización de las funciones propias de cada uno, de cada grupo y que cada grupo social sea consecuente con la virtud que le es propia.

La justicia conceptuada de esta manera nos lleva a la percepción de un orden social ideal que debe lograrse para toda sociedad que se considere humana.

Ω

IV

EDUCACIÓN

==

En las décadas de los '80 y 90', Latinoamérica sufre la invasión de ideas socialistas foráneas, que tuvieron su auge y su declive lógico en un periodo de casi 20 años. Sin embargo estas ideologías lograron obtener mucha influencia en nuestras comunidades que persisten hasta ahora, siendo la principal causa de los diferentes conflictos sociales surgidos; y ya han transcurrido 4 décadas: esas ideas se transmitían y se siguen propalando mediante lo que ellos llamaban **"escuelas populares"**. Tales personajes, consecuentes con sus ideales malsanos y como parte de su estrategia, secuestraban niños de las comunidades campesinas que atacaban, los instruían y capacitaban a su conveniencia.

En el Perú ahora tenemos generaciones de "líderes" formados por esa "currícula" y siguen secuestrando niños que pretenden convertirlos en nuevas generaciones con una ideología equivocada y dañina al país. La **educación** funciona; aunque tengamos que aceptarlo partiendo del mal ejemplo de una práctica infame que jamás debemos permitir que se repita.

Encontrándome en pleno ejercicio de mi profesión como Pediatra, en mi querido Perú, por la década de los 80', dos vivenvias reales marcaron mi vida y mi destino. Estos dos hechos verídicos, aunados a posteriores circunstancias, serían el punto de partida para tomar la decisión de emigrar fuera del país en búsqueda de seguridad y oportunidad para nuestra familia. Al inicio de mi carrera hacia la especialidad en Pediatría, me tocó conocer y tratar a "Khausachun", un niño guerrillero, internado en un nosocomio militar por heridas de bala y luego, ya en la consulta privada, compartir con "Dionisia" quien como Psicóloga nos apoyaba con nuestros pacientes.

Estas historias, ambas verídicas, de personajes (con nombres cambiados) las incluyo a continuación como ejemplo de lo que representa a mi concepto: Educación (Dionisia) y Disciplina (Khausachun), dentro de la connotación de SED.

POR EL SENDERO......

Corría mediados de los 80', mes de Octubre. Dionisia, sentada al borde de la cama y la mirada tendida a través de la ventana, contemplaba el cielo azul despejado y lleno de estrellas; la luna iluminando la noche la invitaba a meditar. Como turbulencias le venían las ideas demasiado confusas a su entender, a pesar de ser una brillante Psicóloga con casi cuatro años de experiencia clínica en su especialidad. Ella trabajaba con niños en la capital del país tanto en la escuela donde laboraba como en la consulta privada.

Han transcurrido siete meses de su cautiverio en medio de la jungla, sin saber siquiera donde se encuentra. Acostumbrada al bullicio de la ciudad capital, sus oídos captaban sonidos propios de la selva con diferente tonalidad, unos bellos y otros tenebrosos, amén del zumbido de los mosquitos que la picoteaban por todas partes; la constante lluvia y, a lo lejos, el caudal del rio era lo más parecido a lo que solía percibir en su infancia o cada vez que regresaba de vacaciones a su pueblo en la serranía de Ayacucho. El ruido producido por las aves, insectos y algunos mamíferos era muy diferente entre los dos lugares.

Dionisia recordaba haberse enrumbado en un ómnibus de la capital hacia su pueblo, tal y cual lo venía haciendo desde los inicios de sus seis años de estudios universitarios en la capital, hasta aquel 28 de Febrero, hace ya más de siete meses. Por rutina, casi todas sus vacaciones Dionisia decidía tomar tan larga jornada de casi un día de viaje con el fin de poder cumplir su deseo de llevar algo de felicidad a los pocos familiares que le quedaban en el pueblo, ya que sus padres y hermanos radicaban en Lima. También portaba útiles didácticos para los niños del lugar; la mayor compensación que recibía Dionisia era la franca sonrisa del niño andino quien expresaba su agradecimiento con alegría, pero con mucha melancolía.

Como si hubiese percibido el ruido de un trueno, Dionisia fue despertada del ensueño anhelante y ansioso de llegar a su pueblo natal mientras contemplaba el paisaje andino, ya a un cuarto del largo viaje. Un grupo de cuatro hombres y dos mujeres, notoriamente adolescentes, comandados por una mujer de unos 30 años de edad irrumpió en el interior del transporte a gritos y con una lista en mano mencionaron seis nombres. Al escuchar el suyo, Dionisia fue obligada a bajar del ómnibus a punta de una ametralladora moderna junto con los demás nombrados. Dos pasajeros varones fueron apartados del pequeño grupo y ejecutados a una corta distancia a vista de todos. Les colocaron un letrerito en el pecho dejándolos tirados en la vía; eran policías vestidos de civil que, al igual que Dionisia, posiblemente regresaban a su pueblo de visita.

Dionisia y sus otros tres acompañantes, a quienes ella no conocía, todos aterrorizados, fueron encapuchados cubriéndoles los ojos. Con órdenes altisonantes en quechua y con un español mal hablado fueron conminados a caminar por un camino rural, en medio de la puna helada. Tras un par de horas de dura caminata en bajada fueron transportados en un vehículo muy trotón por otro largo período de tiempo.

Habiendo sido detenidos en la carretera al ocaso, ya amanecía cuando, retiradas las capuchas, les ordenaron tomar sus equipajes. Dionisia, escoltada por un hombre y una mujer, fue obligada a montarse a una mula. Los otros retenes con el resto de escoltas y la jefa del grupo se internaron en la vegetación a pie. La imagen de pánico en el rostro de sus compañeros de secuestro nunca se le olvidarían a Dionisia. Al no obtener respuesta a sus interrogantes, el temor inicial se le iba transformando en pánico al contemplar que el paisaje serrano que se le presentaba poco a poco desaparecía, dando paso a la espesura del bosque selvático cada vez más intensa.

Acostumbrada a montar a caballo en la chacra del abuelo desde muy niña, no se sentía muy incómoda en el lomo de una mula. Tras un corto recorrido llegaron a un complejo de unas cuantas chozas rústicas. Al parecer era un campamento, evidente por la presencia de unos 100 hombres uniformados. Fue presentada al parecer al jefe del contingente armado, quien muy amablemente le ofreció asiento ante una endeble mesa con un incipiente desayuno. Lo que menos sentía Dionisia en esos momentos era apetito.

Volvió a realizar preguntas y esta vez sí fueron respondidas por el "comandante Sixto". Comprendió entonces que su secuestro tenía una razón. "Sixto" le explicó a su manera muy autoritaria, no sin antes disculparse repetidamente, que habían adoptado tomar la decisión de llevarla hasta este lugar, tras un estudio y seguimiento de las actividades sociales de ella y de las otras cinco personas capturadas en el ómnibus, cada una en sus respectivas funciones.

Dionisia recibió de parte de "Sixto" muchas felicitaciones por su encomiable labor en favor del más necesitado y por su excelente labor como profesional, tanto docente como psicológico. Le manifestó además que no se preocupase por su familia tanto en Lima como en su pueblo, o donde estén; ellos estarían "protegidos" por los "comandos" fieles a la "causa". Dionisia fue seleccionada por sus cualidades para darle la "oportunidad" de ofrecer sus servicios a la "revolución". Sin tener ninguna opción de objetar las decisiones del "comandante" y de los principios de la "causa", Dionisia debería emplear sus conocimientos y experiencia a fin de contribuir en el adoctrinamiento de las huestes guerrilleras que luchan por la "revolución". Su conocimiento del quechua y español jugaba un papel fundamental en las motivaciones que estaba obligada a inculcar en sus "educandos".

Inició su periplo obligado en diferentes lugares desconocidos para ella, en pleno espesor selvático, dando clases en las "escuelas populares". Sus alumnos eran niños y adolescentes quienes en su gran mayoría solo hablaban quechua o algún dialecto de los poblados indígenas de la selva. El español no era necesario inculcarlo, salvo algunas palabras de arengas y órdenes. El quechua predominaba como idioma "oficial".

La labor educativa de Dionisia se vería ampliada en forma indirecta al tratar, debido a las circunstancias, con sus captores todos los días. Ellos le transmitían también sus inquietudes. Así pudo asimilar información tanto de sus directos educandos como de los adolescentes y jóvenes ya adiestrados para manejar las armas y morir por los ideales implantados en sus mentes. Para algunos de ellos era una ideología ajena a lo aprendido en la escuela. La gran mayoría de esos guerrilleros adolescentes y jóvenes no conocían otra ideología que la transmitida por los instructores que como Dionisia eran forzados a implantar. El hecho era que como "soldados fieles", se encontraban obligados a dar la vida por esos ideales.

Al procesar la información, tomada tanto de sus niños educandos como de los guerrilleros, Dionisia pudo comprobar historias desgarradoras. Un pueblito cualquiera es sorprendido por la guerrilla. La población convocada a la plaza principal a fuerza de las armas; las autoridades y los "no colaboradores" son sometidos a sumario "juicio popular" y ejecutados al momento en presencia del pueblo. Las mujeres y hombres jóvenes eran obligados a "enlistarse" so pena de ejecuciones familiares ante una negativa. Lo más desgarrador fue el secuestro de niños y niñas con amenaza de muerte para los padres. Esos seres humanos secuestrados por la fuerza serán los futuros guerrilleros y se convertirán en padres y madres de las siguientes generaciones; los niños serán los educandos de personas como Dionisia. La capacitación estará orientada hacia la formación de los futuros guerrilleros, fieles seguidores de una insana ideología por la cual serán capaces de dar la vida.

Con las imágenes vívidas en la mente de todo lo acontecido hasta el momento, Dionisia es sacada de su meditación violentamente por el "toque de diana"; un sonido que se le había convertido rutinario para los oídos. Eran las 5 a.m. de un día, que ya no era como cualquier otro para Dionisia pues tenía la orden de preparar sus pertenencias. Sería trasladada nuevamente a otra sede, desconocida para ella. En efecto, se despidió de sus alumnos alineados en filas, como militares ya con armas en talla de madera, dando arengas y vivas al "presidente...."; cantando un himno que no era el del Perú, ante una bandera que no era de la Patria.

Esta ceremonia desconsolaba a Dionisia cada día que se veía obligada a presenciarla, durante todo el tiempo como cautiva. Ahora sentía una angustia rara. En ese lugar había permanecido por más de tres meses teniendo un mayor número de alumnos, en cuatro salones y de diferentes grados y edades. Hasta entonces había tenido clases de 5, 10 y 30 alumnos como máximo. Al apreciar lágrimas en los ojos de muchos de sus alumnos, ella no pudo contener las suyas.

Nuevamente, apreciando pasar las arboledas tupidas de lugares desconocidos, Dionisia se satisfacía de lo que la naturaleza le ofrecía y daba gracias a Dios por permitirle observar lo bello y grandioso que es su país. Sentía un orgullo y a la vez un pesar más profundo que su odio guardado. Sentía que esto era su amada patria, pero una incertidumbre sobre su futuro inmediato la atormentaba. Tras un largo día de viaje, llegaron casi al atardecer a un poblado ya civilizado, con algunos vehículos al parecer civiles circulando. Era un pueblo típico de los bajos valles serranos. Se notaban patrullas de apariencia militar que notablemente eran de guerrilleros, no de policías ni milicias del gobierno. No se notaba presencia del gobierno, ninguna bandera peruana; los pobladores que se cruzaban en el camino mostraban su cara de temor. Después se enteró por fin donde se encontraba, la desesperación se convirtió en angustia al no poder establecer una comunicación con su familia; las órdenes se lo impedían. Su función a este nivel ya era ofrecer charlas sobre temas psicológicos y motivacionales, obligada, a personajes adultos al parecer de élite. Se notaba en ellos cierta preparación académica.

Así pasan Octubre y Noviembre. Un 20 de Diciembre, Dionisia es trasladada en autobús a otra ciudad y montada luego en un auto y tras casi dos días de viaje atravesando paisajes que se le van haciendo conocidos, se percata que llegan a la ciudad de Lima de madrugada. La embarcan en un taxi, con el corazón latiendo al máximo se encuentra frente a su casa donde sus padres y hermanos la reciben con llanto incontrolable. Dionisia se sintió haber nacido de nuevo y para su madre igual (sintió haber dado a luz de nuevo), tras nueve meses de cautiverio incomprensible para todos, menos para Dionisia.

Esta es la situación vivida por una educadora que en casi un año de cautiverio forzado pudo comprobar que la educación adecuada puede ofrecer la oportunidad al poblador más alejado de un empoderamiento personal muy efectivo, contribuyendo así al desarrollo de su comunidad. Del mismo modo "Dionisia" pudo comprobar también, penosamente, la no presencia del estado y una marcada inercia del gobierno para tomar medidas correctivas a fin de evitar que doctrinas o ideologías ajenas le ganen la alternativa. La satisfacción que podría haber sentido inicialmente se tornó en impotencia y frustración al apreciar los logros de sus educandos. Pues por lo que ella impartía tuvo satisfacciones, pero por las instrucciones que los demás profesores ofrecían a los niños se sentía impotente y muy frustrada de no poder haber hecho algo para evitar tal errada y dañina educación.

EDUCACIÓN > < OPORTUNIDAD

En los lugares más olvidados de nuestro rico país se encuentran olvidados o quizás marginados muchos talentos que se pierden a través de los tiempos porque no les llega precisamente la educación, la salud, la información actualizada y carecen de seguridad social que el gobierno debería proveer. Una gran masa de la población no tiene acceso a muchos bienes comunes, que son parte de sus derechos. Dentro de estos bienes se incluye, ahora, a la tecnología como las TICs (Tecnologías de la Información y la Comunicación), que permite ofrecer servicios a los pobladores más alejados, a mucho menos costo de lo que representa un servicio sin el acceso a la moderna tecnología.

Tenemos un capital intelectual humano que se pierde o no se emplea adecuadamente pues no se le brinda la OPORTUNIDAD necesaria para alcanzar el progreso, el empoderamiento, que solo se alcanza con una EDUCACIÓN inclusiva, equitativamente justa y al alcance de todos, que podría ofrecerse en la actualidad con las TICs.

Según la UNESCO/UNICEF (Hacia el Desarrollo de Escuelas Inclusivas), el enfoque de una educación inclusiva, implica modificar substancialmente la estructura, el funcionamiento y propuesta pedagógica de las escuelas para dar respuesta a las necesidades educativas de todos y cada uno de los niños y niñas, de forma que todos tengan éxito en su aprendizaje y participen en igualdad de condiciones. En la escuela inclusiva todos los alumnos se benefician de una enseñanza adaptada a sus necesidades y no sólo los que presentan necesidades educativas especiales.

La educación inclusiva implica que todos los jóvenes y adultos de una determinada comunidad aprendan juntos independientemente de su origen, su idioma, sus condiciones personales, sociales o culturales, estando incluidos aquellos que presentan cualquier problema de aprendizaje o discapacidad. Se entiende pues que la educación inclusiva debe de estar diseñada para atender a todos los niños, con una diversidad de necesidades, habilidades y niveles de competencias, en grupos homogéneos de edad. El concepto de educación inclusiva es más amplio que el de integración y parte de un supuesto distinto.

Muchos factores influyen en el tipo y la calidad de la educación que recibe un niño, incluyendo la distancia de los niños a los servicios de educación, género, religión y cultura; asimismo el nivel socio-cultural y económico de la familia, accesibilidad a la renta nacional, las políticas públicas y las prioridades nacionales. Cuestiones tales como la nutrición y seguridad alimentaria, la provisión de atención de salud, alfabetización de las mujeres e ingresos familiares también están estrechamente vinculadas a la educación.

Para ser admitido al sistema educativo de los Estados Unidos no existen mecanismos de selección o discriminación de ningún tipo, con la finalidad de hacer realmente efectivos los derechos a la educación, a la igualdad de oportunidades y a la participación. Veinticinco años de vivir en los Estados Unidos me ha permitido constatar este hecho. Por esto, en mi modesta opinión, considero a este gran país como el sistema ideal, base de lo que me atrevería a llamar: la **teoría del cubo y la pirámide**, que trataré de explicar en el transcurso del presente libro. Lo plasmado aquí es el producto de habérseme permitido practicar la docencia, el compartir con personas (familias) de diferente nacionalidad (incluyendo ciudadanos americanos) y el hecho de haber pasado con mi familia (mi esposa y cuatro hijas) lo que se me ocurrió denominar las tres etapas sucesivas de adaptación al Sistema Americano: "la pesadilla americana" > "el sueño americano" y > "el reposo del águila".

Podríamos suponer que la **oportunidad** para alcanzar una educación inclusiva orientada hacia el empoderamiento de la persona depende de tres elementos:

1. La **persona** en sí,
2. Los **padres** (la familia) y
3. El **estado**.

1. La **persona**, el niño en sí ya nace con una carga genética que lo hace tener innatas ventajas (o desventajas) sobre los demás, con un talento y una capacidad intelectual que determinan su progreso en la escolaridad. Sin embargo, se pueden considerar tres factores que son influyentes en permitirle alcanzar la oportunidad: su vocación y perseverancia, su capacidad o talento y la disponibilidad a su alcance. Si no se cuenta con los tres factores, no se logrará unificar la **educación** con la **oportunidad**. Se perderá un talento. La vocación y el talento es

propio del estudiante, mientras que la disponibilidad es dependiente del núcleo familiar y del estado. En los Estados Unidos de América y en el resto de países desarrollados se dictan las medidas pertinentes con la finalidad de facilitar la disponibilidad para que cada niño alcance su meta, que a la corta o a la larga es conveniente para el propio país. La meta es que el niño con vocación y talento tenga la oportunidad de alcanzar la **pirámide**, dejando el **cubo**; la disponibilidad para lograrlo depende del núcleo familiar y del estado. En nuestros países subdesarrollados simplemente no existen las condiciones para ello. El estado no interviene en el apoyo adecuado que necesita el educando a fin de contar con la disponibilidad.

2. Los **padres** (o núcleo familiar). Tomando como punto de partida que la disponibilidad dentro del núcleo familiar depende de las limitaciones económicas y culturales de los padres, son éstos los que determinan los resultados en los hijos. El propio nivel educativo alcanzado por los padres y los grandes gastos económicos a los que se enfrentan junto con la estructura de alcance social que ofrecen los servicios gubernamentales, incluyendo la educación, colocan a la familia en una gran disyuntiva. La decisión económica pone en un lado de la balanza los costos inmediatos en términos de costos privados y de oportunidad, y en el otro los beneficios futuros de la educación de los niños. En los Estados Unidos de América en la práctica, las pruebas indican que la probabilidad de que una familia envíe a sus hijos al colegio es directamente proporcional a su patrimonio. Los costos universitarios no están al alcance de la gran mayoría de familias americanas, pues hasta high school es prácticamente gratis y accessible a todos. Si el estado no participara apoyando a los niños con vocación y talento ofreciendo la disponibilidad a quien lo amerite no se lograría la OPORTUNIDAD.

3. El **estado** ideal debería constituirse como el principal motivador y facilitador hacia el acceso a una equitativa disponibilidad, interviniendo para aumentar los índices de

escolarización ya que cualquier intervención podría mejorar el bienestar social; y repercutir en el bienestar del propio aparato de gobierno. Los expertos señalan que la intervención educativa, por parte del gobierno, prevalence sobre la redistribución directa de riqueza o ingresos como instrumento para avanzar en la igualdad, ya que, se esgrime, la educación trata sobre la "igualdad de oportunidades" y porque equiparar "oportunidades" es mejor que equiparar "resultados". En los Estados Unidos la "oferta" educativa supera a la "demanda", ya que ésta se encuentra limitada por la disponibilidad económica del ciudadano Americano; por lo tanto el gobierno se ve obligado a promover la "importación" de talentos. Esto es debido a un efectivo "control educativo"; se requiere mantener el **cubo** productivo. Mientras que en nuestros países tercermundistas, la situación es inversa, y dañina; la "demanda educativa" supera a la "oferta". Los costos universitarios son accesibles y en muchos casos la educación universitaria es casi gratuita. Surgen más centros "universitarios", muchas veces no confiables y por lo tanto con una deficiente preparación académica. Y, lo que es peor, no hay "oferta laboral", imperan los conflictos sociales y el desempleo. Se produce entonces la **"exportación de talentos"**; se ha invertido en su preparación para estimular una emigración al extranjero. No hay lógica, solo populismo. No se está equiparando oportunidades, solo se equiparan resultados.

Vivimos en una época de creciente ritmo de cambio social: los fenómenos sociales y culturales están creando sociedades muy diferentes, las nuevas tecnologías nos permiten hablar de **analfabetismo tecnológico**. Los niños requieren de apoyo en el desarrollo de comportamientos y habilidades que permitan afrontar nuevos problemas y asumir responsabilidades en nuevas situaciones. Urge brindarles un acceso adecuado y real a la EDUCACIÓN y a la OPORTUNIDAD.

En nuestro Perú, las últimas políticas de estado han llevado a favorecer la inversión empresarial teniéndose al Estado, como empresa, de la mano con la empresa privada. Sin embargo en las zonas rurales se viene generalizando el conflicto social debido a que el poblador (azuzado por interesados, en forma equivoca) exige a la empresa privada cumplir con obligaciones que muchas veces le corresponden al Estado: infraestructuras escolares, carreteras, prestaciones de salud esenciales, previsión de contaminación y manejo de aguas, preservación de los recursos naturales, etc. Situación que está desanimando al empresario privado. Se hace pues esencial una amplia y mayor participación del Estado.

Al estado peruano le quedan aún muchos desafíos por delante, debiendo establecer como el principal objetivo: el poder alcanzarse, como meta, una **educación inclusiva** y compartiendo equitativamente los avances, es decir, que el desarrollo sea también más incluyente. El impacto de un fuerte crecimiento económico ha dado como resultado positivo una importante disminución de las tasas de pobreza, sin embargo entre 2004 y 2010 alrededor de 7 millones de personas viven aún en la pobreza. Las disparidades a lo largo del país siguen siendo altas, particularmente entre las áreas rurales y urbanas. En 2010, mientras la tasa nacional de pobreza era de sólo 30.8%, alcanzaba un 61% en la población de las zonas rurales.

El estado debe aumentar y mejorar la infraestructura y los servicios sociales, particularmente para quienes viven en situación de pobreza o para todo aquel que se encuentre en riezgo o desventaja de no poder alcanzar los logros, con igualdad de oportunidades.

Ω

V

DISCIPLINA

La DISCIPLINA es parte del comportamiento humano de obrar con una cierta libertad, pero rigiéndose a determinadas reglas o leyes. Es también la capacidad de poder actuar ordenada y perseverantemente a fin de conseguir un bien, pero sujeto a no producir un daño a los demás. Es una coordinación de actitudes con las que se instruye para desarrollar actividades, o para seguir un determinado código de conducta o un orden o una doctrina.

Si hablamos de **disciplina** tenemos que correlacionarla con las leyes, pues es el orden establecido por el ser humano al decidir convivir en una sociedad organizada. La disciplina no tiene que ser impuesta forzadamente, sino enseñada mediante una genuina y adecuada educación; el sujeto tiene que emplear su razonamiento para asimilarla.

Al punto tiene que conceptuarse, y diferenciarse, la educación de la instrucción:

Educación etimológicamente significa el promover al desarrollo intelectual y cultural del educando; es un proceso activo que permite **desarrollar** en el educando, el intelecto y el conocimiento desde sus propias potencialidades psíquicas y cognitivas. En la educación el ser humano es un sujeto activo que en gran medida se guía por la inducción o incluso también del razonamiento abductivo, aunque principalmente por la deducción.

En cambio, **Instrucción** o adoctrinamiento es forzada e inculcada; el sujeto de la instrucción es aquel que solo repite la información (ya sea correcta o ya sea errónea) que se le inculca.

La genuina educación es un aprendizaje abierto que va más allá de esquemas preconcebidos y que tiende a favorecer el desarrollo de la conciencia, la razón e inteligencia de cada educando y con estas cualidades el mejor desempeño de cada persona educada para llevar a cabo en lo posible su óptima forma de vivir. Con la educación se logra una vida culta en sociedad.

Los resultados de una instrucción orientada hacia un fin determinado lo demuestra el caso real de "Khausachun", que nos tocó vivir por la década de los 80'.

"Khausachun": Niño Mártir

El Dr. Mario Roque, oficial médico asimilado de las fuerzas armadas, ya en retiro, observa en el televisor la referencia que hace el noticiero a un naciente grupo politico que por sus siglas y arengas políticas defiende los "derechos humanos" de los guerrilleros condenados por sus actos terroristas. Pero lo que más le llama la atención a Mario, son los jóvenes que acompañan vitoreando con gran entusiasmo, consignas ajenas a la patria. Los líderes que ahora encabezan las marchas son de la misma generación de los que persisten enfrentando al orden con las armas en las serranias y en la selva peruana. Pertenecen a las generaciones de los años 70' al 90'; "*dos décadas perdidas*", pensó Mario. Jóvenes a los que se les nota muy convencidos de lo que pregonan y sostienen a gritos y que defenderán hasta con la vida.

A Mario le viene a la memoria "Kausachun", jóven adolescente que le llegó en estado inconsciente al hospital de sanidad del cuartel en una tarde serrana, en plena puna Ayacuchana. Ya acostumbrado a la rutina, a la cual era sometido dos veces al año en forma rotativa por dos meses cada vez, no pudo dejar de sorprenderse al notar no solo la tierna edad del paciente, sino también el característico uniforme guerrillero.

Cuatro largas horas en el modesto quirófano tuvo que emplear el Dr. Mario Roque a fin de extraerle las siete balas alojadas en el cuerpo de "Khausachun" comprometiendole órganos vitales. Tras sorprendente recuperación, al ser interrogado sobre sus datos personales solo respondía con frases incomprensibles, al parecer en un dialecto de los indígenas selváticos. El Dr. Roque oriundo de la sierra norte se comunicaba muy bien en quechua, pero le era imposible entablar una conversación con el chico de unos doce años de edad, de talla muy baja y muy robusto de contextura, por ello pudo superar la riezgosa operación. Lo único que mencionaba, entendible para Mario, era: "...kausachun revolución.....kausachun presidente Elias...", de allí que al Dr. Roque no le quedó otra alternativa que nombrarlo "Khausachun" ("viva" en quechua).

Era su segunda semana de éste ciclo, mes de Marzo por los 80', Mario descansaba ya avanzada la noche, cuando es llamado del hospital siendo notificado que Khausachun se había puesto mal; transcurridas 72 horas de post-operatorio. Sucedió lo que Mario tanto había temido, no le quedó otra alternativa que tramitar la evacuación inmediata del paciente a la capital, al Hospital Militar Central; lo acontecido no podría solucionarlo en el ambiente hospitalario del cuartel, por la falta de logística médica.

El Dr. Roque dentro de la especialidad quirúrgica se había sub-especializado en Cirugía Pediátrica; pero nunca pensó encontrarse que tenía que lidiar con un niño herido de bala, pero tras una acción militar. Con oportuna evacuación aéreo-transportada, Khausachun llega a Lima, de inmediato es llevado directamente a la sala de operaciones y luego a cuidados intensivos. Gracias al procedimiento médico y a la buena constitución física del paciente la evolución fué muy favorable.

A unos pocos días de su re-intervención quirúrgica, Khausachun ya se encontraba en el servicio de pediatría del hospital, en plena recuperación de sus cirugías. La inicial preucupación de Mario se fue disipando al ver la respuesta favorable de Khausachun al tratamiento; sin embargo se manifestaba muy molesto por la orden escrita que le habían hecho llegar esa mañana notificándole que tenía que regresar a Ayacucho. Acostumbrado a este tipo de disposiciones superiores castrenses, no podia ocultar su mal carácter cuando en algunas ocasiones éstas ordenes se tenian que cumplir aún interfieran con su compromiso hipocrático. Para Mario, Khausachun era muy especial, tenía la misma edad que su primogénito y no podia concebir como fue que el "niño guerrillero" pudo comprometerse con tal ideología completamente errónea. La disposición le ordenaba a Mario retornar al cuartel acompañado de Khausachun, esto le hacía encender aún más su molestia transformándose en ira. Como Médico responsable, Mario consideraba que el paciente no se encontraba en condiciones de ser regresado a su entorno, pero se veía obligado a obedecer.

Tercera semana de Abril, el Dr. Mario Roque epenas poniendo en orden sus ideas y reinstalándose; Khausachun se encontraba ya instalado en el pequeño hospital del cuartel, continuando su recuperación y a pesar de las limitaciones de la sala común para su normal atención, el paciente avanza en su recuperación; Khausachun ya da sus primeros pasos.

Apenas transcurridos seis días de su llegada al cuartel Mario, despertado por toques en la puerta de su dormitorio, observa la hora y el reloj le indica las 4 a.m. Se le presenta un oficial, que por sus galones tiene un rango superior a él, le acompañan un grupo se soldados; Mario recibe la orden de permitir la salida de Khausachun, el oficial afirma que la indicación proviene de un rango aún más alto cuyo nombre es conocido por Mario. Nuevamente, contra su voluntad, el Dr. Roque tuvo que ceder su criterio médico ante una orden superior que lo obligaba.

Son las 6:25 p.m., era el día siguiente que se llevaron a Khausachun; Mario, evaluando a los pacientes del hospital en su última ronda antes de irse a dormir, es notificado que tiene que dirigirse a constatar un fallecimiento. Guiado por un par de soldados, Mario es llevado frente a una camilla del camión portatropa, el occiso que fue a verificar no era otro que su paciente Khausachun, quien mostraba todo el cuerpo acribillado, con una gran cantidad de orificios de bala.

Demasiado apesadumbrado para demostrar su cólera, Mario solo expresaba su impotencia, alzando la voz cada vez más, preguntando a cada instante a los uniformados lo que sucedió. Mutismo total, solo el oficial que se llevó a Khausachun el día anterior pudo asimilar la inquietud de Mario y explicar lo sucedido.

Khausachun había sido transportado lejos del cuartel militar hacia un poblado, que días antes fuera "visitado" por una numerosa columna terrorista; las autoridades y algunos dirigentes campesinos fueron ejecutados tras un somero "juicio popular". Como parte de su accionar secuestraron a jóvenes (hombres y mujeres) y, de la misma forma, se llevaron a niños y niñas; constituirían en el futuro, una vez entrenados e instruídos, los guerrilleros dispuestos a morir por una ideología impuesta, no razonada. Estos niños serían también las madres y padres de los nuevos contingentes humanos integrantes de un movimiento, formados bajo los mismos principios errados, desde que aprenden recién a caminar por la vida.

Khausachun, como "niño guerrillero", era el indicado para ser usado como informante y señalar a los "camaradas o compañeros" que se camuflasen como labradores, pastores, o simplemente campesinos de cualquier poblado indígena. Los propios pobladores ya no colaboraban con la autoridad, pues con ello exponían su vida y la de su familia.

Por mucho intento que se hizo, practicando diferentes métodos, no se consiguió sacarle algún tipo de información a Khausachun, quien solo repetía arengas a su "revolución" en quechua, predominando la palabra "khausachun…" como única respuesta al interrogatorio. En la tercera ocasión que fue llevado al campo de labor agrario a fin de identificar guerrilleros camuflados, bruzcamente el pequeño guerrillero emprendió una loca carrera en zic zac internándose en un tupido matorral, intentando escapar. Ante la orden altisonante dada por el oficial a mando, de inmediato, los soldados dispararon sus metralletas a discresión contra el niño. Khausachun cayó abatido; era su destino terminar su corta existencia besando la tierra que lo vió nacer, nacía un "mártir" de una guerra infame.

El Dr. Mario Roque despertando de sus recuerdos, se dirige a su laptop, la enciende, a la vez que apaga el televisor muy sorprendido y confuso, con las imágenes en vivo y en directo que acaba de presenciar de la reciente marcha civil que se transmitian como primicia. Mario tratará de plazmar por escrito los acontecimientos que cual sorpresiva tormenta le llenaron la memoria y las ideas intentaban brotarle cual si fuera una avalancha o un desborde de un caudal copioso.

Decide ponerle un título a su floreciente narración: "Niño Mártir" pues quiere representar en ello a los cientos o miles de niños que como Khausachun, tuvieron que vivir, y muy probablemente, sigan viviendo lo impensable. Lo que acaba de experimentar al observar las facies de los adultos jóvenes y adolescentes en la bulliciosa "marcha por los derechos humanos", le causó una angustia endescriptible. Veía en cada cara, en cada ser humano activo en la marcha, la imágen de Khausachun.

Mario inicia su relato:

"......Khausachun murió en su ley; fue adoctrinado para ello, fue instruído para dar la vida por "la causa revolucionaria", aprendió a vivir con la muerte desde que era muy niño. Fue secuestrado del seno familiar; a los cuatro años de edad vió morir a sus padres y tios fusilados en la plaza principal junto con otras personas a las que no conocía; dos hermanos mayores murieron en algún enfrentamiento con las fuerzas del orden cuando Khausachun aún no llegaba a los diez años de edad......"

Historias como las narradas son hechos que no debería permitirse sean parte de nuestro presente y en el futuro parte de nuestro pasado histórico. Mas el conocer lo pasado debe ser difundido a fin de evitar se repita, por desconocimiento o por pretender que se ignore.

En un país como el Perú que ha sufrido por décadas los estragos del narcoterrorismo y que ahora goza de una estabilidad económica envidiable, no se puede concebir que su población siga siendo afectada en pleno siglo XXI por un nuevo "terrorismo burocrático-corrupto". Si en los años 70'-80' y 90' el ciudadano común se sentía inseguro por causa del terrorismo; en 2014 se siente tan o más inseguro a causa de los males sociales devenidos a consecuencia de una falta de presencia del estado en donde se le require. Y lo que es peor, impera la corrupción como si esto fuera un eco a la bonanza económica. La "brecha" entre los ricos y los pobres es mucho más evidente, más amplia. Una acción del estado en favor del más necesitado se hace urgente. Hay SED.

De la falta de acción gubernamental adecuada se tiene el corolario (una consecuencia tan evidente que no necesita demostración), de observar y leer en los medios informativos a jóvenes de la generación de los 90', mal informados; defendiendo lo indefendible para aquellos que sufrimos las consecuencias del narcoterrorismo. Salen a las calles a solicitar la liberación de los causantes del terror y de la peor crisis política-social del país; a exigir los "derechos humanos" de los mismos. Defienden a quienes ejecutaron a más de 50,000 campesinos y civiles que se oponían a su accionar; ofrendaron su vida también otros miles de miembros de las fuerzas armadas y policiales. Y a estos difuntos y a sus miles de deudos y niños huérfanos, ¿quién los defiende?, ¿no tienen derechos humanos?

Esa generación, aún asistiendo a una Universidad, no ha recibido la orientación adecuada respecto a lo sucedido en nuestro país una o dos décadas anteriores a su nacimiento. Estos jóvenes activistas, quizás durante su infancia y educación básica no recibieron la correcta información de lo que estaba aconteciendo. Peor aún, la historia nos ha demostrado que el estado tampoco se ha preucupado de ofrecer al pueblo el acceso a la realidad de lo actuado por la ideología que ahora los adultos jóvenes defienden; con esta actitud el estado no satisface la SED de los ciudadanos.

DISCIPLINA > < LEYES
"Quien hace lo que quiere no hace lo que debe"

En una sociedad organizada la DISCIPLINA debería de constituirse en el pilar de un orden establecido. La **disciplina** nos lleva a hacer lo que debemos, no lo que queremos hacer, cumpliendo con ciertas normas de conducta establecidas por los mismos actuantes dentro de la sociedad. Estas normas establecidas por escrito, en plena concordancia con los intereses de los ciudadanos y decididas tomando en cuenta la opinión de la población, son la LEYES.

En toda época de la historia humana, cuando el hombre pretende establecerse como sociedad organizada se trata de imponer un orden, pues han surgido las disputas, diferencias y conflictos; y en muchas de ellas se manifiestan formas de violencia de una u otra clase. El modo de tratar esas disputas, diferencias y conflictos varía de una sociedad a otra, tanto en el tiempo como en el espacio. Al establecer el orden se logra señalar quién obtiene ventajas y quién sale perdiendo a partir del modo de hacer las cosas; se establece entonces la normativa, que no persigue otras alternativas que el bien común. Nacen las **Leyes** (conjunto de normas de conducta o disciplina), el **Derecho**; la función del Derecho en la vida social es un instrumento formal o estatal de control social, que intenta dar solución a disputas. Las leyes dentro del derecho, establecen un mecanismo de regulación de la vida en comunidad.

Así surgen las leyes, cuando se ha establecido la disciplina como la ejecución forzosa de las órdenes, para garantizar que las instrucciones que se den bajo la ley se cumplan o se lleven a cabo obligatoriamente, pensando en el bien de todos los componentes de la sociedad.

La historia de Khausachun es fiel reflejo, mejor dicho, un resultado de lo efectivo que puede ser la implementación de la disciplina en el ser humano desde los primeros años de la vida. Basta con informarse un poco para deducir que la disciplina puede orientarse hacia lo positivo, pero también hacia lo negativo llegando a lo nefasto (como en el caso de Khausachun), todo depende de la ideología que imparten los instrucctores desde muy temprana edad del educando.

La razón nos hace comprender que el desarrollo, o mejor expresado el **empoderamiento** se logra solo cuando se implementa una adecuada Educación e Istrucción en favor de la búzqueda equitativa del bien común. En pleno siglo XXI, alcanzarlo se hace fácil gracias a contar con la internet y con otros componentes de la tecnología actual que nos permite, bien informados, tomar nuestras propias decisiones. Pero, en la actualidad, para lograr el total empoderamiento: ¿tenemos el acceso y la libertad de disponer de la tecnología?

Aquí es donde debe intervenir el estado como garante de nuestros derechos a fin de resolver la situación.

Se señala que **Empoderamiento** es un proceso:

o "Mediante el cual las personas fortalecen su confianza, sus capacidades, su visión y protagonismo en cuanto que forman parte de un grupo social, para impulsar cambios positivos en las situaciones en las que viven".

o "En que las personas y/o grupos organizados cobran autonomía en la toma de decisiones y logran ejercer control sobre sus vidas basados en el libre acceso a la información, a una amplia participación inclusiva con responsabilidad y al desarrollo de capacidades".

Empoderamiento o también apoderamiento se refiere al proceso por el cual se aumenta la fortaleza espiritual, política, social o económica de los individuos y las comunidades para impulsar cambios positivos de las situaciones en que viven. Generalmente implica el desarrollo en el beneficiario de una confianza en sus propias capacidades.

El origen de la filosofía del empoderamiento está en el enfoque de la educación popular desarrollada en los años 60' a partir del trabajo de **Paulo Freire***:

"...el empoderamiento consiste en un proceso de reducción de la vulnerabilidad y de incremento de las propias capacidades de los sectores pobres y marginados, que conduce a promover entre ellos un desarrollo humano y sostenible".
..."La educación se torna un acto de depositar, en que los educandos son depositarios y el educador el depositante. En lugar de comunicarse, el educador hace comunicados y depósitos que los educandos, meras incidencias u objetos,

reciben pacientemente, memorizan y repiten. He ahí la concepción bancaria de la educación, en la que el único margen de acción que se ofrece a los educandos es el de recibir los depósitos, guardarlos y archivarlos".

Es decir, añade Paulo Freire: *"Dictamos ideas. No cambiamos ideas. Dictamos clases. No debatimos o discutimos temas. Trabajamos sobre el educando. No trabajamos con él. Le imponemos un orden que él no comparte, al cual sólo se acomoda. No le ofrecemos medios para pensar auténticamente, porque al recibir las fórmulas dadas simplemente las guarda".*

* El Pedagogo brasileño Paulo Reglus Neves Freire (1921-1997), fue uno de los mayores y más significativos pedagogos del siglo XX. Las ideas que Freire transmitió en sus escritos, fueron por demás innovadoras para la época que le tocó vivir, tuvieron mucha influencia y aún ahora, siguen influenciando positivamente los procesos democráticos que se van dando en todo el mundo. Con su principio del diálogo profesor-educando, enseñó un nuevo camino para la relación entre profesores y alumnos. Paulo Freire fue el pedagogo de los oprimidos y en su trabajo transmitió la pedagogía de la esperanza. Influyó en las nuevas ideas liberadoras en América Latina, en la teología de la liberación de la Iglesia Católica y en las renovaciones pedagógicas americanas, europeas y africanas, su figura y obra es referente constante y obligatoria en la educación.

Como consecuencia del golpe militar de 1964 en Brasil, debió abandonar su actividad, calificada de subversiva, y buscó refugio en Chile, donde participó en diversos planes del gobierno democristiano de Eduardo Frei, como el programa de educación de adultos del Instituto Chileno para la Reforma Agraria (ICIRA). En Chile escribe **Pedagogía del oprimido,** cuyo contenido desagradó al gobierno de turno en Santiago.

Migra nuevamente a los Estados Unidos de América en 1969, donde es acogido como profesor de la Universidad de Harvard, colaboró con los grupos dedicados a la reforma educativa en los ámbitos rurales y urbanos, como experto de la UNESCO. En 1970 se trasladó a Ginebra (Suiza), donde trabajó en los programas de educación del Consejo Mundial de las Iglesias.

Después de dieciséis años de exilio, en 1980 volvió a Brasil, impartiendo docencia en la Universida de Estadual de Campinas y en la Pontifícia Universidade Católica de São Paulo, ciudad esta última de la que fue Secretário de Educação. En 1986, recibió el premio internacional «Paz y Educación» de la UNESCO. Fue investido doctor «honoris causa» por una veintena de universidades de todo el mundo.

El método de Freire es fundamentalmente un método de cultura popular, que, a su vez, se traduce en una política popular. Por este motivo, su labor apunta principalmente a concienciar y a politizar. Freire no confunde los planos político y pedagógico: ni se absorben, ni se contraponen uno al otro. Lo que hace es distinguir su unidad bajo el argumento de que el hombre hace historia y busca reencontrarse.

Para Paulo Freire, el proceso de alfabetización tiene todos los ingredientes necesarios para la liberación de la ignorancia.

«... el aprendizaje y profundización de la propia palabra, la palabra de aquellos que no les es permitido expresarse, la palabra de los oprimidos que sólo a través de ella pueden liberarse y enfrentar críticamente el proceso dialéctico de su historización (ser persona en la historia)».

El sujeto, paulatinamente aprende a ser autor, testigo de su propia historia; entonces será capaz de escribir su propia vida, decidir sobre su propio futuro. Así, consciente de su existencia y de que es protagonista de la historia de su entorno, de su país, podrá entonces adquirir el concepto y más que esto la conciencia de **Identidad Nacional**, alcanzando a comprender la necesidad de integrarse a los demás miembros de su comunidad a fin de lograr el bien común.

Podemos entender la **alfabetización** como la conquista plena que hace el hombre de su palabra, lo que ciertamente conlleva la conciencia del derecho de expresar lo que siente, lo que piensa, lo que desea, lo que considera justo haciendo uso del don de la palabra por derecho propio, del libre derecho de expresión.

Esto se hace mucho más evidente, y necesario de tomar en cuenta en la actualidad, en pleno proceso de la "**revolución tecnológica**". Con solo "viajar" por Internet uno se encuentra con nuevos términos que ni la Real Academia Española tiene definido aún. Uno de estos términos es el de "**analfabetismo tecnológico**", para el que ya se encuentran deficiones. Una de ellas señala al individuo como "analfabeto tecnológico" sí es incapaz de usar las nuevas tecnologías tanto en la vida diaria como en el mundo laboral, lo que, aseguran, no está reñido con la educación académica en otras materias. Así, cualquiera puede ser analfabeto tecnológico, independientemente de su nivel de educación, clase social e incluso poder adquisitivo.

Alfabetizar es esencial en todo país que busca desarrollarse y es índice que se toma en cuenta para valorar los logros. Menos analfabetismo, más desarrollo. Se reitera: la educación es la base de la disciplina y ésta de la seguridad; por lo tanto es prioritario que todo Estado, tome conciencia de las repercusiones de una inactividad en materia educativa y que su accionar lo debe llevar a proponer soluciones y estrategias para erradicar el analfabetismo, incluyendo el tecnológico.

Debemos considerar el hecho que, gracias a la tecnología, la educación puede llegar a cualquier lugar de un país (Internet), por más rural que se encuentre. Podemos hablar entonces de una "**alfabetización tecnológica**". Las TICs generan una propuesta de desarrollo como las nuevas formas de fuentes informativas y de indagación. Las TICs se utilizan para la formación y adquisición de un nuevo conocimiento, información actualizada y comprensión de habilidades, así como de participación ciudadana responsable.

Ω

VI

IDENTIDAD NACIONAL (IN)

La **identidad nacional**, es el conjunto de elementos característicos de una nación, con los que sus habitantes se identifican, diferenciándose así de otras naciones. También se refiere al conjunto de poderes necesarios con que debe contar el Estado a fin de que pueda configurar con entera libertad, las condiciones de vida económicas y sociales de sus ciudadanos que conlleven a lograr una adecuada calidad de vida, proponiendo alternativas hacia un empoderamiento personal y alcanzar el desarrollo merecido. Un individuo integrado a un grupo humano, formando parte de la sociedad, que posee identidad nacional es capaz de identificarse con su nación y trabajar por el desarrollo socio-económico de ella.

El ciudadano ha adquirido el concepto de **Identidad Nacional** al aceptar la convivencia en sociedad con otros seres humanos, ocupando y compartiendo un territorio delimitado, definido como Patria; formando parte de una Nación que se constituyó como un Estado, que, a su vez, es la nación integrada como una organización social y política particular. Por lo tanto Identidad Nacional es la identidad basada en el concepto de Patria, Nación y Estado, es decir, el sentimiento de pertenencia a una colectividad en común histórico y culturalmente definida con características diversas.

La identificación con una nación suele suponer la asunción, con distintos tipos y grados de sentimientos: amor a lo propio, odio o temor y respeto a lo ajeno, orgullo, temor y respeto por lo que represente la ley, respeto a los demás, repudio a lo que considere injusto, corrupcto, fatalismo, victimismo, etc.

Asimismo se adquieren, simultáneamente, muchas otras identidades individuales o identidades colectivas como: el amor a su historia nacional, sus tradiciones, su geografía, sus paisajes, sus recursos naturales, su **folklore**, la lengua, la raza, la religión, los ancestros, la clase social, etc; asumiéndolas, superponiéndolas, ignorándolas o negándolas. Se suele tomar como referencia elementos explícitos tales como símbolos patrios o signos distintivos (banderas, escudos, himnos, música, deportistas y selecciones deportivas, monedas, costumbres, gastronomía, etc.).

Se obtiene identidad nacional también, cuando se es consciente de que el gobierno, representado por las personas que se eligieron para dirigir el estado en todos sus estamentos, deberá proveerle los derechos fundamentales establecidos en su Constitución. El ciudadano se hará responsable en el acatamiento de las leyes y el sometimiento a las autoridades. En la misma medida el ciudadano se sentirá seguro y con la libertad necesaria de llevar una vida plena en comunidad, consciente de que la justicia impera.

El Perú es un crisol de diversidades cuya realidad social es pluricultural, pluriétnica y multilingüe. Este crisol constituye una potencialidad que no se llega a explotar, ni se le brinda la atención adecuada. Nuestro país debe aprovechar esta pluriculturalidad y diversidad étnica formulando políticas inclusivas, que irían en beneficio del poblador, la comunidad y del estado mismo.

El peruano de hoy en día no se encuentra identificado con su patria, plenamente. Persisten las ideas arcaicas de las desigualdades por causas raciales, ideas que nos condenan a un estado sin integración y con una fuerte exclusión social. Nos encontramos atados a nuestros tontos prejuicios aunque no lo queramos admitir muchas veces.

El problema actual de esta situación es no aceptar que somos un país con una cultura muy diversa; el querer imponer la idea de una sola cultura, solamente nos provoca confusión y desorden en la búsqueda de una identidad nacional plena.

Consideramos que gran parte de los conflictos sociales, la inseguridad y otros males que afectan a nuestros países en vías de desarrollo se debe a la escasa conciencia de identidad nacional. No hay conciencia de identidad nacional debido al poco o escaso conocimiento de nuestras costumbres, de nuestra historia y tradiciones populares, pleno desconocimiento socio-cultural, falta de un aceptable conocimiento y manejo teórico y práctico de las ciencias sociales; amén de una enseñanza monótona, superficial y divorciada de la realidad entre los contenidos del aprendizaje y los problemas actuales.

Debe destacarse también la falta de llegada de los medios masivos de comunicación e información a los más apartados social y geográficamente. Es muy evidente la influencia crítica de las tecnologías de información y comunicación (TICs) en la sociedad; se hace imprescindible que se llegue a una cobertura amplia en todo el país. Como vemos, la presencia del Estado como ente generador, regulador y administrativo-gerencial, es de suma importancia. Se hace muy indispensable haga notar su presencia en cualquier punto del país, por más alejado que este se encuentre.

Tal situación de desinformación o desconocimiento de la realidad permite que cuando una política de gobierno se pretenda implementar y la opinión pública crea, o se le haga creer que va de alguna forma en contra de los valores o ideales de la comunidad; el ciudadano expresará su inconformidad y reaccionará adversamente a la medida. Se ha creado un conflicto social. Una sociedad desinformada puede llegar a ser malinformada y de repente manipulada equívocamente.

Conflicto Social

El conflicto social es un proceso complejo en el cual el ciudadano y sectores de la sociedad, el Estado y/o las empresas perciben que sus posiciones, intereses, objetivos, valores, cultura, creencias o necesidades son contradictorios, creándose una situación que podría derivar en violencia. El ciudadano expresa su reclamo de diferentes maneras y con diversos medios, llegando a la protesta en las calles si considera que sus derechos han sido mancillados.

La complejidad de los conflictos está determinada por el número de actores que intervienen en ellos, la diversidad cultural, económica, social y política, las formas de violencia que se pueden presentar, o la debilidad institucional para atenderlos, entre otros elementos.

En materia de conflictos, es el Estado el que debería actuar, primero desplegando sus facultades de poner orden, de defensa y supervisión para prevenir e intermediar con el fin de evitar situaciones que puedan amenazar o violar los derechos fundamentales del ciudadano, tanto actuante en la discordia como del observador; segundo, ejercer el control necesario para no afectar a la gobernabilidad local, regional o nacional, y tercero, debe abrir el camino a procesos de diálogo que contribuyan a su solución.

Asimismo, el Estado debe proporcionar el libre acceso a los sectores comprometidos, hacia una información real y actualizada sobre el conflicto; su origen, desarrollo, los alcances llegados y los planes para solucionarlo.

En búsqueda por internet de información actualizada sobre los conflictos sociales en Latinoamérica, me encontré con unos datos interesantes que transcribiré a continuación.

En el Perú, según el reporte mensual de Julio 2014 de la Defensoría del Pueblo, se registraron 208 conflictos sociales, seis casos menos que en junio pasado. En un documento de la Presidencia del Consejo de Ministros (PCM) del gobierno actual, pude encontrar los siguientes párrafos en referencia a los conflictos sociales en el Perú:

* *"Estudios recientes del Programa de las Naciones Unidas para el Desarrollo (PNUD) han permitido mostrar al Perú, Bolivia y Argentina como los países con mayor incidencia de conflictos en América Latina (superior a los 200, entre 2009 y 2010), y que sin embargo, al menos en el caso peruano, no suelen ser normalmente los más violentos y radicales. Junto a ello, estas investigaciones han puesto en*

evidencia algunas características comunes en toda la región: la debilidad institucional del Estado, también con variantes, la desigualdad social, la fragmentación de los movimientos y protestas sociales, entre otros".

"...encontramos un Estado jaqueado por los conflictos, especialmente mineros, varios de los cuales, por su intensidad y radicalidad, crearon problemas para la gobernabilidad del país, con el agravante de que la respuesta a los mismos no fue la más adecuada en todos los casos. El mismo Estado ha sido uno de los generadores de conflictos, muchos de ellos absolutamente evitables pero que, la inexperiencia, los estilos de actuación, e incluso la simple desidia de algunas autoridades y funcionarios, han terminado provocando el escalamiento y la crisis de muchas situaciones. Alguna decisión administrativa, emitida sin analizar ni preveer las consecuencias sociales que tendría, han sido factores que desataban tensiones y protestas que, con una adecuada evaluación previa, no hubieran existido.

Sin embargo, junto a esta mirada dura del conflicto, se ha ido perfilando otra que pone énfasis en los déficits del Estado, el cual no ha sido capaz de atender e integrar a importantes segmentos de la población, ni de crear mecanismos para canalizar sus reclamos, situación que se traduce en una serie de protestas y movilizaciones sociales que presionan sobre el Estado.

Para esta mirada, la solución a los conflictos pasa primero por hacer llegar el Estado a esos sectores excluidos y pobres, creando también los medios institucionales para negociar las tensiones sociales. Tal es el enfoque que ha ido primando en este gobierno, el cual apela a un desarrollo inclusivo y que pone en el centro del debate la transformación del conflicto como una oportunidad para lograr el desarrollo tan ansiado por grandes sectores de la población.

En segundo lugar, la respuesta estatal se ha dado además en el marco de la mencionada institucionalidad débil y poco adecuada para afrontar la conflictividad, el Estado ha tenido una reacción tardía, es decir, cuando los conflictos ya se han desatado, y lo frecuente en este caso ha sido una actuación destinada fundamentalmente a apagar fuegos ("estado bombero"). Lamentablemente, se ha podido comprobar que este tipo de reacción no era sólo fruto de la falta de información oportuna sino que obedecían a rutinas establecidas, diseñadas y practicadas para tiempos "normales".

En el Perú, con una débil institucionalidad estatal y un sistema político caracterizado por la precariedad orgánica de la mayoría de los partidos y fuerzas actuantes en la escena política, se ha tenido un conjunto de protestas sociales en general dispersas y fragmentadas a lo largo del territorio; muchas de ellas de corta duración y objetivos puntuales; otras más sostenidas y de mayor aliento.

Tomando en cuenta las dos últimas décadas, éstas inicialmente obedecieron a problemas derivados de la gestión de los gobiernos locales; y luego, al promediar la década pasada, la mayoría de conflictos se desencadenaron en torno a la presencia de industrias extractivas, especialmente de la mediana y gran minería. Lo cual se relaciona a la llegada de grandes inversiones (nacionales y extranjeras) atraídas por las nuevas reglas de juego establecidas en el país a partir de los años noventa y más tarde por el boom de los precios de los minerales.

Sin embargo, debe precisarse que actualmente, la conflictividad social del país incluye también muchos casos asociados a la minería informal e ilegal, hoy uno de los conflictos más complejos y extendidos por todo el Perú; así como a la exploración y explotación de hidrocarburos, principalmente ubicados en la Amazonía, donde la incursión de las empresas en territorios donde habitan pueblos indígenas ha desatado una serie de tensiones sociales.

Es también significativo el número de conflictos por demarcación territorial, entendibles en un país donde alrededor del 90% de sus distritos y provincias no tienen límites definidos después de casi 200 años de vida republicana, y en donde muchos de ellos se han "reactivado" ante la presencia de industrias extractivas y problemas de larga data como el acceso a los recursos hídricos y a la distribución de las rentas derivadas de la minería. Están también, finalmente, los conflictos sociales de carácter agrario, que incluyen a los pequeños y medianos agricultores, a cocaleros y a otros.

Todos estos conflictos sociales plantean demandas de distinto contenido y suponen desafíos que el Estado peruano debe saber afrontar a fin de garantizar la gobernabilidad democrática, los derechos ciudadanos, la inversión y el desarrollo inclusivo de la población.

* PCM- Perú / Vladimiro Huaroc
Fragmentos del Discurso extraído del Curso Internacional de
Gestión Pública y Conflictos Sociales en América Latina
Willaqniki N° 07 - Junio 2013
Informe de diferencias, controversias y conflictos sociales

Como se aprecia, nuestros gobiernos tienen los datos requeridos y, sí se tomara en cuenta, además, que se tiene un crecimiento económico sostenible, se cuenta entonces con los medios necesarios para iniciar una respuesta inmediata ante la presencia de los conflictos sociales. El problema está en la disponibilidad del Estado para llevarla a cabo.

IDENTIDAD NACIONAL >< INTEGRACIÓN SOCIAL

Camilo José Cela (Novelista Español 1916 – 2002), Premio Nobel de Literatura en 1989, solía decir que:

"El nacionalismo es creer que el lugar donde uno ha nacido es el mejor del mundo; .....el patriotismo es creer que el lugar donde se ha nacido merece que le demos nuestro amor".

A mi entender estas dos frases sintetizan lo que representa la **identidad nacional**. La identidad nacional no solo debe mirar al pasado como la reserva privilegiada donde están guardados los elementos principales de la identidad, sino que también debe mirar hacia el futuro. Un futuro que se debe ir forjando con la unión de todos los miembros de una comunidad, ya que pretender alcanzar un exitoso futuro en forma independiente sin comprometerse con los demás sería una utopía. Como se ha venido señalando, el ser humano por naturaleza requiere integrarse con los demás componentes de su entorno social si pretende llegar a gozar de un bien común.

Al lograr establecerse una Identidad Nacional ya se ha alcanzado, previamente, una Integración Social nacional, como lo sostenía Erikson.

... "la integración es creadora de identidad... /...la identidad es creada a travez de un proceso de integración".

(Erik Erikson)

Según Erik Erikson (Sicólogo alemán, 1902 – 1994), Psicoanalista, catedrádito de la Universidad de Harvard y de otras universidades norteamericanas, destacado a nivel mundial por sus contribuciones en psicología del desarrollo humano, sostiene que la génesis y el logro de la identidad es la resultante de un proceso de interacción continua, a lo largo de la vida del ser humano, de tres vínculos:

o *El vínculo de integración espacial, que tiene su punto de partida con el descubrimiento del propio cuerpo y los primeros límites espaciales regulados por interacciones familiares. Lo cual, luego se proyecta a sus entornos escolar y vecinal. Este primer vínculo está relacionado con el desarrollo del "saber estar, y tomar posesión y posición de los espacios del mundo que nos rodea".*

o *El vínculo de integración temporal, que es la base de la identidad histórica que tiene que ver con la apropiación de los hechos, y referentes del pasado y del presente (personalidades, héroes, científicos, deportistas, artistas, descubrimientos, triunfos, otros); los hechos referentes de su entorno familiar, comunal, local, regional, nacional y mundial; y con la asimilación de desempeños que perduran en el tiempo (celebraciones, creencias, ritos, festejos, arte, comidas, festividades, religiosidad).*

o *El vínculo de integración social, que tiene que ver con las relaciones interpersonales a partir de la convivencia y sus regulaciones próximas a sus entornos de amigos y amigas, compañeros de promoción, coetáneos, vecinos del barrio, partidarios de grupos políticos, clubes, así como participantes de grupos religiosos, etc. Y tiene que ver con la apropiación y ubicación de sí mismo respecto a un contexto cultural y una complejidad social, geográfica, étnica e histórica. Desde luego, que la identidad social pasa por el reconocimiento del otro como persona en una diversidad (multiculturalidad), y en una necesidad de convivencia con diálogo y respeto (intercultural).*

Por: Idel Vexler - Educador
http://www.educacionenred.pe/noticia/?portada

La **identidad nacional** sirve para poder buscar nuestro origen, el reconocernos y sentirnos orgullosos por nuestras tradiciones, por la herencia cultural, por nuestras formas de vida y examina elementos constitutivos de la sociedad en que vivimos. La identidad nacional es dinámica, construida históricamente y no está dada como una esencia fija de una vez y para siempre. Es un proceso permanente, que nunca se detiene y que está abierto a nuevas contribuciones que se encargan de mantener la continuación; busca un sentido de vida colectivo, de integración de grupo, para un desarrollo con horizonte común que permita articular y sumar esfuerzos hacia el beneficio común expandido y colectivo de una sociedad organizada,

He allí la importancia de correlacionar la Identidad Nacional con la **Integración Social**. La identidad nacional parte primeramente del reconocimiento del "Yo" personal, luego se debe buscar una mayor conección con los demás miembros de la sociedad a fin de ser reconocido por ellos y, a la vez, ser capaz de reconocerlos como parte integrante primordial de nuestro entorno y de la construcción de nuestro futuro en común.

De acuerdo con Ernest Gellner (antropólogo francés, 1925 - 1995), las sociedades modernas e industrializadas se distinguen ante todo por su complejidad y por su fluidez. Son sociedades que crean un espacio social al mismo tiempo más amplio y más denso. En su interior circulan de manera mucho más intensa no sólo los recursos materiales y las ideas, sino ante todo las propias personas, quienes cambian de empleo, de oficio y de localidad con bastante rapidez, todo lo contrario de lo que ocurría en el mundo preindustrial, en donde la gente permanecía atada a su terruño durante generaciones y en donde los oficios pasaban con frecuencia de padres a hijos.

Esta nueva movilidad existente vuelve necesaria la posesión de una misma lengua y de unos mismos referentes culturales, que garanticen la comunicación interpersonal. De la misma forma, es necesaria también la existencia de una identidad social compartida, capaz de trascender las antiguas divisiones tribales, locales y estamentales.

Esta identidad social, o **integración social** va a ser por fuerza, en el contexto en el que nos encontramos en la época tecnológica actual, una **identidad nacional** mucho más integrada. Así, frente al carácter más fragmentario de las sociedades tradicionales, ahora resulta necesaria una mayor unidad en todos los sentidos. El ser humano requiere obtener una dimensión más cercana y sentimental, y parece encontrarla en la comunidad nacional, un ámbito donde se sienta acogido y atendido en una relación más personal y menos jurídica, donde deje de ser anónimo para ser reconocido, donde se sienta gustosamente a salvo porque se pueda expresar en su lengua y reconocer como propias sus costumbres y su cultura.

La relación Estado/ciudadanos no puede ser sólo jurídica, sino que debe mostrar también una cierta dimensión emocional (patriótica), en una visión compartida de la vida buena, de un destino nacional común. Si aspiramos a un patriotismo como expresión del amor a la república, a la tierra que nos vió nacer, debemos entender que ese amor sólo es posible porque es un amor particular, a una patria, a un pueblo; aunque precisamente porque es un amor hacia una forma de libertad, no es exclusivista ni excluyente. Esto es la expresión, es el sentido de la dirección que queremos darle a SED de Amor.

Los sistemas educativos en el mundo actual tienen como una finalidad primordial formar al educando para el desarrollo de la identidad de la persona. Las personas deben llegar a ser capaces de lograr su realización ética, intelectual, artística, cultural, afectiva, física, espiritual y religiosa. Se debe promover y motivar en el educando la formación de su identidad y el incremento de su autoestima personal y así poder trazarse como meta una integración social adecuada y con capacidad de crítica para poder ejercer sus derechos como ciudadano, respetando los derechos de los demás.

Ω

VII

Política de SED

En la búsqueda de una definición de la palabra **política,** me he encontrado con muchas y variadas; tal es así que se podría diversificar adoptando, prácticamente, una definición por cada actividad humana.

Política, proviene del latín *politicus* y ésta del griego antiguo *politicóς* (civil), es lo relativo al ordenamiento de la ciudad o los asuntos del ciudadano. Es una disposición a obrar en una sociedad utilizando el poder público organizado para lograr objetivos provechosos para el grupo.

Como hemos venido señalando, históricamente se ha comprobado que el ser humano desde que empezó a convivir en comunidades primitivas y aún en muchas comunidades actuales, así se encuentren estas desconectadas del avance social moderno, es frecuente observar que, en cuestión de establecer un orden, más que una disposición jerárgica con el "jefe" como maxima autoridad, impera la costumbre.

En el otro extremo, en sociedades muy avanzadas, la participación activa de los ciudadanos acentúa el carácter bidireccional y recíproco de la relación política y atenúa su carácter de subordinación, pero en la mayoría de los casos, el orden social es generado por el establecimiento de relaciones políticas de mando y obediencia, que ponen en evidencia la existencia de un poder, en nombre de una finalidad social: la convivencia armónica entre los hombres.

La naturaleza arrastra instintivamente al hombre a la asociación política. Debido a su capacidad racional, los seres humanos tienen la capacidad afectiva para desarrollar intensas lealtades de grupo y estas pueden condicionar de modo determinante sus actitudes hacia los objetos políticos. Es así como nacen los pueblos, por la unión de familias con los mismos principios y de la asociación de muchos pueblos, se forma el **Estado**, como una organización política.

Los expertos definen **estado** como:

"Agrupación humana, fijada en un territorio determinado y en la que existe un orden social, político y jurídico orientado hacia el bien común, establecido y mantenido por una autoridad dotada de poderes de coerción."

Un **Estado de derecho** es aquel que se rige por un sistema de leyes e instituciones ordenado en torno de una constitución, fundamento jurídico del establecimiento de una **Nación** en la cual las autoridades y funcionarios, en primera instancia, junto con los ciudadanos, se someten a las normas de esta ley escrita.

Bajo tales perspectivas podemos afirmar que, Estado de Derecho está formado por dos componentes: el Estado (como forma de organización política) y el Derecho (como conjunto de las normas que rigen el funcionamiento de una sociedad). En estos casos, por lo tanto, el poder del Estado se encuentra limitado por el Derecho. Para la ONU, el concepto de Estado de Derecho,

«...ocupa un lugar central en el cometido de la Organización. Se refiere a un principio de gobierno según el cual todas las personas, instituciones y entidades, públicas y privadas, incluido el propio Estado, están sometidas a unas leyes que se promulgan públicamente, se hacen cumplir por igual y se aplican con independencia, además de ser compatibles con las normas y los principios internacionales de derechos humanos. Asimismo, exige que se adopten medidas para garantizar el respeto de los principios de primacía de la ley, igualdad ante la ley, rendición de cuentas ante la ley, equidad en la aplicación de la ley, separación de poderes, participación en la adopción de decisiones, legalidad, no arbitrariedad, y transparencia procesal y legal».

Se afirma que el ordenamiento social moderno no se puede concebir sin la existencia del estado, quien es el responsable de establecer su política de control social. El estado aplica un conjunto de prácticas, actitudes y valores destinados a mantener el orden establecido en las sociedades, regulado por la Constitución y las leyes que de ella se generan. El estado gobierna las relaciones estado-sociedad: el objetivo primordial es el bien común, esto es, la satisfacción de las necesidades, de las aspiraciones y los intereses colectivos y permanentes de la comunidad, con equitativa justicia para todos.

El **bien común** se entiende como el conjunto de bienes básicos y necesarios que debe tener la comunidad (como su seguridad, su territorio, defensa, habitación, alimento, vestido, educación, acceso al cuidado de su salud, etc.). El Estado es el ejecutor de lo que dicta lo legislativo, con justicia equitativa para todos, asumiendo su rol de velar por la satisfacción de esas necesidades naturales del hombre.

La realización del bien común no es otra cosa que la consecución de la justicia social. El ordenamiento de la sociedad está encaminado a esa realización del bien común o de la justicia. De hecho, la justicia es el orden de la sociedad, y establece no sólo la armonía de los individuos, sino la armonía de las relaciones entre los individuos, en el todo y en los grupos que se dan dentro de la sociedad. En todos ellos debe brillar la justicia.

La obediencia a las leyes, por parte de los ciudadanos, se ha de ver correspondida por la equidad en impartir la justicia, por parte del poder Legislativo (emitiendo leyes justas) y el poder Judicial (emitiendo sentencias justas). Es responsabilidad del Estado (como poder Ejecutivo) velar porque esto se cumpla.

Al respecto, la Unión Europea y sus Estados miembros establecieron que:

"El Estado debe garantizar el acceso universal a todo ciudadano a servicios y recursos adecuados teniendo como primordial papel el de erradicar las desventajas existentes en materia de educación, capacitación, servicios esenciales de salud (enmarcados principalmente en la prevención primaria), en protección social y, asimismo, en la información, incluida la

*formación en **alfabetización informática** y la promoción del acceso igualitario a las TICs (Tecnologías de la Información y Comunicación) prestando especial atención a las necesidades específicas de las personas con discapacidad... garantizar el acceso igual a servicios y recursos adecuados, incluidas una vivienda digna, la sanidad y la protección social... los programas nacionales deberán estar estrechamente alineados con las estrategias nacionales de protección social e inclusión social".*

Por lo señalado hasta el momento se puede llegar a concluir que la **política** representa la misión fundamental de una sociedad organizada como **Estado**. Podemos asegurar entonces que, la Política de Estado debe dar prioridad al establecimiento del orden social basado en la atención de las tres grandes finalidades de la acción social contemporánea:

1. **Justicia -Seguridad-** social (en sentido formal),
2. **Oportunidad -Educación-** para poder alcanzar el bienestar social (en sentido material) y
3. **Leyes –Disciplina-** orden social: (en sentido legal).

Esto es lo que representa a la Política de SED; hemos tomado la palabra "SED" por lo que expresa como necesidad humana, hemos tomado la palabra política por lo que es un orden y a la vez deber y derecho a lo que el ciudadano debe tener pleno acceso en una sociedad democrática.

Política de SED en Diagramas

Como recurso didáctico, a fin de expresar con una mayor claridad nuestros conceptos, usamos el **Diagrama de Venn** el cual es un organizador gráfico, que facilita la comprensión de un texto, pues permite procesar y ordenar la información y entender las relaciones entre conjuntos con la posibilidad de detectar errores e inconsistencias en ésta. Los organizadores gráficos, son herramientas que facilitan el aprendizaje visual, se desarrollaron para ayudar a los estudiantes a procesar, organizar, priorizar, retener y recordar nueva información, de manera que la integren significativamente, a su base de conocimientos previos.

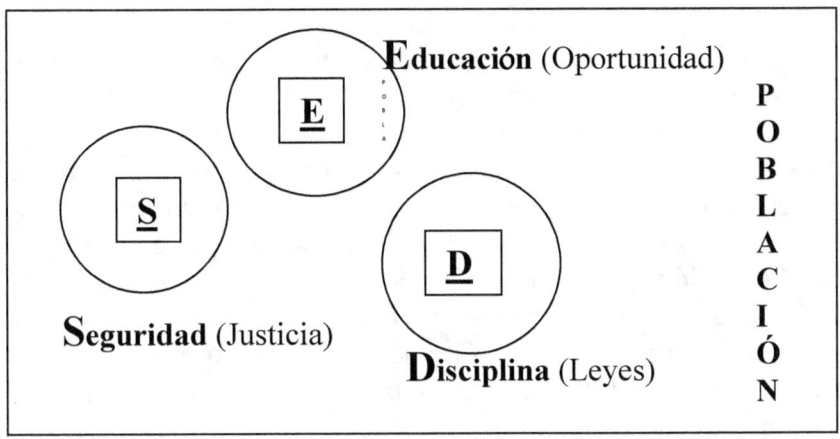

El Diagrama de Venn es una herramienta que permite apreciar las semejanzas y diferencias, o bien los puntos de convergencia y divergencia entre dos o tres posturas, ideas, temas y conceptos. Facilita la extracción del significado esencial de las caracetrísticas definitorias. Favorece un aprendizaje de nivel conceptual y operativo. Los diagramas de Venn tienen varios usos como un medio para proveer una educación accesible. Son esquemas usados en la teoría de conjuntos, lógica de clases, estadística, economía, política social, razonamiento diagramático.

Los diagramas de Venn que hoy conocemos fueron presentados en 1880 y tienen el nombre de su creador, John Venn, matemático y filósofo británico. Los diagramas de tres conjuntos fueron los más usados por Venn en toda su obra. Un típico Diagrama de Venn utiliza círculos que se sobreponen para representar grupos de ítems o ideas que comparten o no propiedades comunes. John Venn quería representar gráficamente la relación matemática o lógica existente entre diferentes grupos de cosas (conjuntos), representando cada conjunto mediante un óvalo, círculo o rectángulo. Al superponer dos o más de las anteriores figuras geométricas, el área en que confluyen indica la existencia de un subconjunto que tiene características que son comunes a ellas; en el área restante, propia de cada figura, se ubican los elementos que pertenecen únicamente a esta.

Estos diagramas muestran colecciones (*conjuntos*) de cosas (*elementos*) por medio de líneas cerradas (en nuestro caso usaremos círculos), que abarca a todos los elementos bajo consideración en nuestro planteamiento. El campo que queda fuera de los círculos es el conjunto universal (*U para Venn*); en nuestra representación equivale al *conjunto* universal que reconoceremos como **Población**; en donde consideraremos los *elementos* que corresponden a las diversas actividades del ser humano no especificadas en nuestros tres círculos pero que forman parte del quehacer social (interacciones personales, entretenimiento, sexualidad, comercio, religión, etc.).

En los capítulos anteriores, nos permitimos concordar **SED** con lo que representa, a nuestro entender, el sentido de Identidad Americana: Estados Unidos de Norteamérica es un país de Oportunidades, de Leyes y de Justicia. Al continuar con nuestro intento tratamos de plantear también el concepto de Identidad Nacional/Integración social **(IN)** que ahora nos permitimos concordar con lo que es la Identidad Americana.

Siempre tomaremos como referencia a los Estados Unidos, como ya se ha dejado establecido, por nuestra propia experiencia y vivencia en este gran país; y por no ser los únicos en considerarlo como un modelo a seguir y anhelar se emplee en algún momento en nuestros países como el sistema político ideal, a fin de salir del subdesarrollo.

Siguiendo el concepto de Diagrama de Venn y sus variados usos, para nosotros los círculos que representan a la **S**eguridad (con justicia), **E**ducación (como oportunidad) y a la **D**isciplina (impuesta por leyes), corresponden a variedad de "conjuntos" (**S**, **E** y **D**) con sus respectivos "elementos" que no son otros que las diferentes actividades humanas que se entienden como necesarios (vitales), para la subsistencia en sociedad (ya generalizados y descritos en los capítulos anteriores). Muchas de estas necesarias actividades humanas no se encuentran al alcance, equitativamente, de todos los componentes de una sociedad, de la población en general.

Las causales para esta desigual distribución del bien común son variadas; en SED se utiliza tal denominación por justamente representar una carencia básica indispensable para la vida y a la vez expresar que al que padece de sed solo con proveerle agua se garantiza su satisfacción. A diferencia del aire que es completamente libre y gratis, el agua es un elemento de libre acceso también, pero su distribución es controlado por un sistema de orden social autoimpuesto por los mismos ciudadanos de un grupo humano, una nación, de un estado.

Bajo este punto de vista, una convivencia humana que ha llegado a establecerse como Estado con normas autoimpuestas sujetas a su cumplimiento obligatorio por todos y cada uno de sus componentes, si se ha sido capaz de controlar la ingesta de agua para satisfacer una necesidad vital, no debería ser inalcanzable para una persona satisfacer sus otras necesidades. Es el Estado el que debe velar por el cumplimiento de las normas, el que debe asegurar la plena satisfacción de las necesidades del individuo.

Dentro del mismo contecto de Venn al coordinar los conjuntos entre sí vamos a tener como conjunto universal a la POBLACIÓN y como subconjuntos a S, E, y D incluídos. Al usar nuestros conjuntos y coordinarlos entre sí, tendremos una intersección que denominaremos **Identidad Nacional** equivalente a **Integración Social**.

El uso del diagrama de Venn nos permite representar gráficamente lo que se ofrece como premisas en los textos del presente libro. Pretendemos además, el lograr una lectura comprensiva que implique la identificación clara y precisa de las características comunes (elementos) de los conjuntos (S, E y D) que terminan constituyendo clases o agrupaciones entre las cuales podemos establecer relaciones de inclusión, exclusión, intersección o conjunción. Al emplear los Diagramas de Venn se usan principios que nos permiten explicar nuestros planteamientos:

Intersección o Conjunción: Dado que los conjuntos pueden tener elementos comunes, las regiones encerradas por sus líneas límite se superponen. El conjunto de los elementos que pertenecen simultáneamente a los dos es la intersección de ambos.

Inclusión: Si todos los elementos de un conjunto son parte de los elementos de otro, se dice que el primero es un subconjunto del segundo o que está incluido en el segundo.

Disyunción o Exclusión: Cuando los conjuntos representados no tienen elementos comunes, es exclusión total; los conjuntos están excluídos; o si tienen algunos elementos no comunes. Si tienen algunos elementos comunes sería esta una región de conjunción.

En los diagramas de Venn, todas las regiones de superposición posibles (que tienen elementos comunes) deben ser representadas. En la siguiente figura representamos:

Intersección: IN, (1), (2) y (3)
Inclusión: S, E, y D están incluídos en POBLACIÓN
Disyunción: (a), (b) y (c)

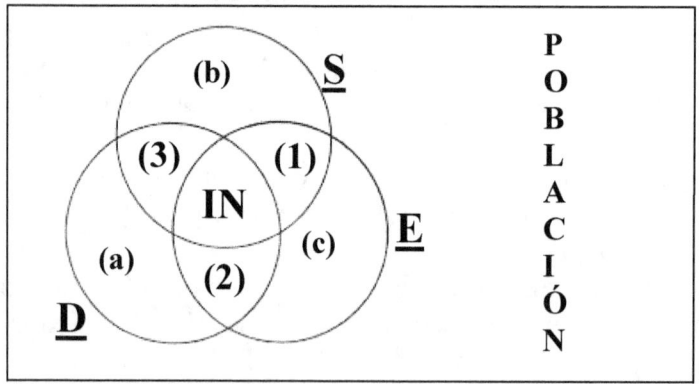

$$\Omega$$

VIII

"Si se hace golpear para ser respetado, se ha fracasado, porque no se es respetado sino temido"

Jorge Valls, 1991

SED en los Diagramas de VEEN

Tal como lo hemos venido señalando en los capítulos anteriores al tratar de sustentar nuestro planteamiento de SED, la relación Estado/ciudadanos no puede ser sólo jurídica, anárquica, sino que debe mostrar también una cierta dimensión emocional o patriótica. Debe existir Identidad Nacional **IN**, con una Integración Social completa, que conlleve un Desarrollo Social pleno.

El **desarrollo social** debe ser uno de los objetivos centrales que la política de un país constituído como Estado debe tener. Implica principalmente Desarrollo Económico y Humano. Su proyecto a futuro es el bienestar social. El desarrollo social es un proceso que conduce al mejoramiento de las condiciones de vida de toda la población en diferentes ámbitos; se refiere a la creación de un entorno en el que las personas pueden desplegar su pleno potencial y tener una vida productiva y creativa, de acuerdo a sus intereses y necesidades. El desarrollo social debe conducir a igualar las condiciones de bienestar prevalecientes en las sociedades industrializadas. Si bien actualmente se acepta que el desarrollo social debe adecuarse a las condiciones económicas y sociales particulares de cada país, se han establecido estándares internacionales que se consideran "metas sociales deseables". Este enfoque de políticas públicas ha implicado que la principal meta de los programas sociales sea la reducción de la pobreza, particularmente de la pobreza extrema. El mecanismo para lograr este objetivo ha sido el impulso del desarrollo humano a través de la ampliación de las *capacidades* y de las *oportunidades* de los individuos. Estos últimos dos conceptos, son el referente mundial de las naciones inductrializadas en sus políticas sociales. La Organización de las Naciones Unidas (ONU) y sus diferentes organismos asociados son el referente principal en esta materia. Desde 1990 la Organización de las Naciones Unidas viene presentando el Índice de Desarrollo Humano (**IDH**) como un indicador creado por el Programa de las Naciones Unidas para el Desarrollo (**PNUD**) con el fin de determinar el nivel de desarrollo que tienen los países del mundo.

** El **IDH** fue ideado con el objetivo de conocer, no sólo los ingresos económicos de las personas en un país, sino también para evaluar si el país aporta a sus ciudadanos un ambiente donde puedan desarrollar mejor o peor su proyecto y condiciones de vida. El IDH tiene en cuenta tres variables:*

1) Esperanza de vida al nacer. Analiza el promedio de edad de las personas fallecidas en un año.

2) Educación. Recoge el nivel de alfabetización adulta y el nivel de estudios alcanzado (primaria, secundaria, estudios superiores)

3) PIB per Cápita (la paridad de poder adquisitivo). Considera el producto interno bruto per cápita y evalúa el acceso a los recursos económicos necesarios para que las personas puedan tener un nivel de vida decente.

El índice IDH aporta valores entre 0 y 1, siendo 0 la calificación más baja y 1 la más alta. En este sentido, la PNUD clasifica a los países en tres grandes grupos:

• *Países con Alto Desarrollo Humano ("High Human Development"). Tienen un IDH mayor de 0,80.*

• *Países con Medio Desarrollo Humano ("Medium Human Development"). Tienen un IDH entre 0,50 y 0,80.*

• *Países con Bajo Desarrollo Humano ("Low Human Development"). Tienen un IDH menor de 0,50.*

* Ver más en:
http://economy.blogs.ie.edu/archives/2009/10/%C2%BFque-es-el-indice-de-desarrollo-humano-idh.php#sthash.nLAYfEyK.dpuf

Este estudio anual mide factores como el progreso de las personas en ámbitos de salud, educación, seguridad e ingresos económicos. En el reporte de 2013, la PNUD tomó en cuenta el concepto de vulnerabilidad y la capacidad que las personas tienen de reponerse a ella. El Informe de este año 2014 presenta los valores del IDH para 187 países y es el primer índice que utiliza las tasas de conversión del Programa de Comparación Internacional más recientes, para expresar las monedas nacionales en términos de paridad de poder adquisitivo, y que fueron publicadas por el Banco Mundial en mayo de 2014.

Según el último reporte de 2014 los niveles de desigualdad en ingresos siguen aumentando, y la inequidad en educación, continúa siendo la más alta. La desigualdad en los ingresos ha aumentado en varias regiones, también entre los países con un desarrollo humano muy alto. A pesar de registrar la mayor caída en desigualdad general durante este año, la región de América Latina y el Caribe mantiene la cota más elevada del mundo en cuanto a desigualdad de los ingresos. Asimismo, sigue existiendo un gran nivel de inequidad en materia de educación. El Informe 2014 muestra que mientras las generaciones de edad más avanzada siguen enfrentándose al reto del analfabetismo, las más jóvenes tienen dificultades para pasar de la enseñanza primaria a la secundaria.

Por lo que se señala y los expertos lo confirman, la educación es un tema prioritario que todo estado debe emprender para alcanzar un desarrollo socio-económico más humanamente equitativo.

El **Desarrollo Social**, pues, deberá ser entendido como un proceso de mejoramiento de la calidad de vida de una sociedad. Se considerará que una comunidad tiene una alta calidad de vida cuando sus habitantes, dentro de un marco de paz, libertad, justicia, seguridad, democracia, tolerancia, equidad, igualdad y solidaridad, tienen amplias y recurrentes posibilidades de satisfacción de sus necesidades y también de poder desplegar sus potencialidades y talentos, con la oportunidad que se le brinde con vistas a conseguir un mejor futuro en sus vidas, en cuanto a realización personal y en lo que a la realización de la sociedad en su conjunto respecta.

El desarrollo es más que el simple aumento o disminución del ingreso nacional. Es crear un entorno para que las personas puedan hacer plenamente realidad sus posibilidades y vivir en forma productiva y creadora de acuerdo con sus necesidades e intereses.

Es bajo estos conceptos en que nos basamos para expresar SED. Siguiendo nuestras pautas mediante el Diagrama de Veen podemos correlacionar los tres conjuntos (S, E y D) con el conjunto universal POBLACIÓN y obtener diversas posibilidades que podríamos representar como resultado la tipología de un ESTADO o NACIÓN que denominaremos de acuerdo al resultado de las correspondencias dadas.

Posibilidad (1): Exclusión Social

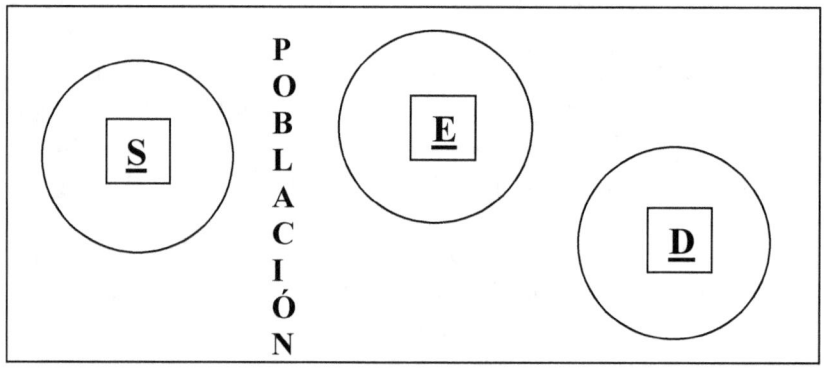

Este es un Estado que no atiende las necesidades de sus ciudadanos, o que implementa la satisfacción de SED sin ninguna proyección social, usando los recursos del estado a su libre albedrío; un estado que ofrece SED pero a su propio criterio, y/o que a su conveniencia lo impone. No existe una congruencia mínima, no se proporciona una atención adecuada a la población. Es un Estado en el que impera el desorden.

Este sería un tipo de Estado en el que no existe una inclusión social; no hay desarrollo social, sino una **Exclusión Social**. Un Estado en el que los ciudadanos (la población) no están dispuestos a identificarse también emocionalmente con él; un estado que está destinado a la desintegración o, ni siquiera, a la formación como estado. Existiría una anarquía, un caos, un completo desorden social.

Posibilidad (2): No Desarrollo Social

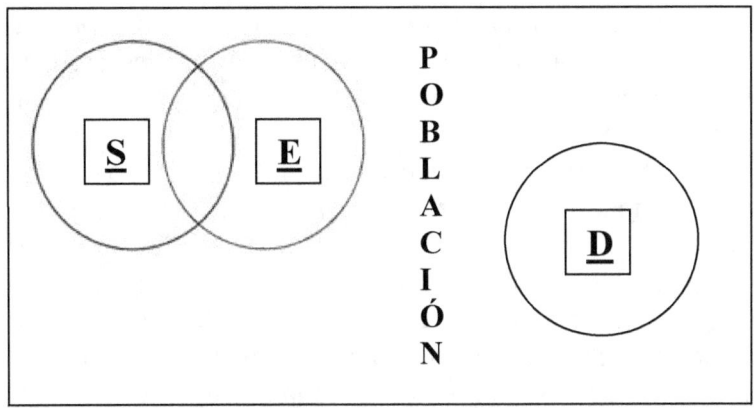

En esta posibilidad la congruencia podría darse en dos conjuntos, SE (como se muestra en la figura), SD y ED, quedando el tercero libre, no conjugado con los otros dos.

De tomar como referencia el IDH determinado por la PNUD, todo Estado comprendido en esta alternativa (y con mayor razón dentro de la posibilidad anterior) sería un Estado-país **Subdesarrollado**. El Subdesarollo es caracterizado por la baja renta per cápita, el exceso de población, la inseguridad, el reducido nivel de ahorro y formación de capital, la carencia de tecnologías productivas modernas, los deficientes servicios públicos, el predominio de las actividades productivas del sector primario (agricultura, consumo de recursos naturales) en el que trabaja la mayor parte de la población, el escaso grado de desarrollo y acceso a los sectores industrial y de servicios, la baja de la productividad de la mano de obra en general y la falta de capacidad empresarial.

Un país Subdesarrollado sería un país caracterizado por su pobreza y atraso relativo; por su marginación y papel subordinado dentro del sistema económico mundial actual; esta es una situación en la que se encuentran amplias áreas económicas del mundo, De hecho, el subdesarrollo sólo puede ser entendido como una consecuencia del mundo moderno occidental. El profesor J.L. Sampedro dijo: *"el subdesarrollo no es, respecto del desarrollo, el peldaño inferior y transitorio de una escala continúa, sino una persistente consecuencia del desarrollo, creada además por él"*.

En la mayoría de este tipo de estados subdesarrollos, se añade a la carencia, la no participación activa de la población en las decisiones del Estado. El subdesarrollo, que afecta a más de dos tercios de la humanidad, aparece como el principal problema de nuestra época moderna, es el producto del desarrollo mismo.

Muchas de estas sociedades son afectadas por serias situaciones de conflictos, donde prima la inseguridad social, fragilidad y violencia, desigualdad de oportunidades debido a factores de educación, género, raza, etnia u otros. También problemas de gestión de gobierno, como la corrupción y la falta de voz y compromiso ciudadano, que socavan la participación pública en la toma de decisiones en asuntos que inciden en el futuro de las comunidades. Se debe añadir a la penuria material, la frustración y la sensación de marginación de una inmensa mayoría de la población que conforma estos sistemas de gobierno.

Se puede afirmar que el subdesarrollo es la **pobreza marginada** propia del mundo moderno digitalizado. No hay países subdesarrollados, sino subadministrados. Algunas de las características de estos países son las grandes regiones de pobreza, enriquecimiento de unos pocos privilegiados, desigualdad en la distribución y en las oportunidades, altos niveles de desempleo y bajas tasas de crecimiento económico, crecimiento demográfico excesivo, altas tasas de morbi-mortalidad -sobretodo infantil-, entre otras.

Muy preocupante es la explosión demográfica en el mundo subdesarrollado, llamado también del **Tercer Mundo**. Las tasas de natalidad son muy elevadas (por ser una sociedad rural y patriarcal) que en los últimos años van acompañadas de un notable descenso de la mortalidad (como consecuencia de los progresos de la medicina en los países del Norte). Estos dos factores han provocado un crecimiento poblacional muy acelerado en estos países, de forma que los recursos y las ayudas que se envían a dichos países son absorbidos por la **expansión demográfica**.

La **globalización** es un factor trascendente en esta época de violentos cambios tecnológicos para intentar dejar el subdesarrollo. Es un nuevo proceso que está teniendo lugar en estas últimas décadas como consecuencia del desarrollo de las nuevas tecnologías y unos medios de comunicación más rápidos y asequibles para todos. El desarrollo de las técnicas de información, comunicación y conocimiento se desarrollan de modo exponencial y cuanto más tarde se intenten adaptar los individuos y los grupos a él, más difícil será que realmente lo consigan. Las brechas existentes se harán mucho más amplias.

Posibilidad (3): En Vías al Desarrollo

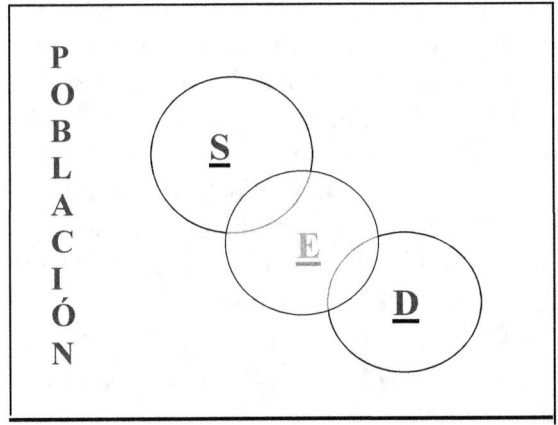

En esta alternariva vamos a tener los tres conjuntos en un intento de conjugar, en cadena, uno tras otro DSE, DES, SDE, pero no exixtiría una intersección entre los tres que es lo que se pretende para alcanzar una integración. Al considerar los alcances del IDH nos encontramos con un país en **vías de desarrollo**.

Los países en vías de desarrollo, países en desarrollo o países de desarrollo intermedio, o **emergentes**, son aquellos países cuyas economías se encuentran en pleno desarrollo económico partiendo de un estado de subdesarrollo o de una economía de transición. Si bien aún no alcanzan el estatus de los países desarrollados, han avanzado mucho más que otros que aún son considerados países subdesarrollados.

Un país en subdesarrollo podría ser considerado en vías de desarrollo, o incluso emergente cuando:

• Supera un determinado nivel de desarrollo humano, por encima de 0,800 de IDH (índice de desarrollo humano),

• Tiene una Renta per cápita generalmente superior a los 8.000 dólares,

• Tiene determinado tamaño de economía o despliegue económico a pesar de no tener IDH por encima de 0,800 o ingresos per cápita altos, como es el caso de: China, India, Indonesia y otros.

El cambio social es algo frecuente en estos países, donde las poblaciones rurales migran hacia las ciudades. Son países que tienen un nivel de vida relativamente alto, una base industrial en desarrollo y un Índice de Desarrollo Humano que puede ser medio o alto. El término país en vías de desarrollo se refiere principalmente al grado de desarrollo económico, lo que no necesariamente se asocia al desarrollo social, en términos de mayor educación, salud o esperanza de vida.

En la mayor parte de los países emergentes hay un alto nivel de pobreza y tasas elevadas de formación de capital. Existe una real brecha económica-social. El desarrollo exige una moderna infraestructura (tanto física como institucional) y un movimiento lejos de sectores de valor agregado bajo, como la agricultura y la extracción de recursos naturales.

Posibilidad (4): Desarrollo

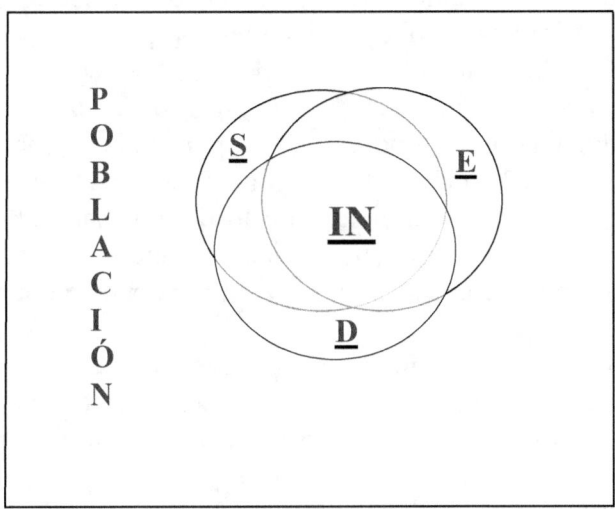

Con esta gráfica representamos una anhelada e ideal congruencia de los tres conjuntos S, E y D, motivo que nos lleva a presentar esta propuesta. Anhelo de toda nación, alcanzar ser un **País Desarrollado**.

Existe una interacción entre la Seguridad y la Justicia, la Educación y la Oportunidad y entre la Disciplina y las Leyes que nos lleva a obtener una Integración Social o Identidad Nacional como intersección perfecta; la cual será más o menos acentuada a medida que los círculos se acercan o se alejan entre sí. Lo ideal sería que los círculos se sobrepongan por completo, el resultado sería una IN plena, que ni siquiera en los países muy desarrollados sucede.

Al proyectar esta gráfica a la valoración que otorga el IDH, en esta situación estaríamos ante un país Desarrollado; cuanto más grande sea la intersección de los círculos, mayor será el desarrollo del país. Cuanto más sea la participación del estado en la atención de SED, mayor el desarrollo.

Al lograr una mayor intersección de los círculos se alcanzará una sociedad <u>justa</u> y **Segura** (económica, social y políticamente); capacitada por haber tenido la <u>oportunidad</u> de **Educarse** y **Disciplinada** por imperar la obediencia a las <u>leyes</u>.

El Desarrollo Humano es un proceso por el cual una sociedad o estado asegura las condiciones de vida para sus ciudadanos; habiendole brindado la oportunidad de poder capacitarse con la educación a fin de lograr, con más opción, un incremento de los bienes materiales con lo que puedan cubrir sus necesidades básicas y complementarias; creando, además, un entorno legal propicio en el que se respeten los derechos humanos de todos ellos.

Desarrollo es la oportunidad que debe tener el ser humano en su propio medio para hecer o no hacer lo que él desée. A mayor oportunidad mayor desarrollo humano, a menor oportunidad menor desarrollo.

El desarrollo consiste en la ampliación de las opciones que los pueblos tienen para vivir de acuerdo con sus valores. El desarrollo es más que el simple aumento o disminución del ingreso nacional. Es crear un entorno, proporcionar la oportunidad para que las personas puedan hacer plenamente realidad sus posibilidades y vivir en forma productiva y creadora de acuerdo con sus necesidades e intereses.

El crecimiento económico, solamente constituye un medio, para ampliar las opciones de la población. Un elemento fundamental para la ampliación de esas opciones es dar la oportunidad al ciudadano de desarrollar su capacidad mediante la educación inclusiva.

Las capacidades esenciales para el desarrollo humano son vivir una vida larga y sana, tener conocimientos, tener acceso a los recursos necesarios para alcanzar un nivel de vida decoroso y poder participar en la vida de la comunidad. Sin ellas sencillamente no se dispone de muchas opciones ni se llega a tener acceso a muchas oportunidades que brinda la vida.

Como hemos venido señalando, el desarrollo humano comparte una visión común con los derechos humanos; su objetivo es la libertad humana, la cual resulta vital para el desarrollo de las capacidades y el ejercicio de los derechos. Las personas deben tener libertad para hacer uso de sus opciones y participar en las decisiones que afectan sus vidas. El desarrollo humano y los derechos humanos se refuerzan mutuamente, ayudan a garantizar el bienestar y la dignidad de todas las personas y fomentan el respeto por sí mismo y por los demás.

El Desarrollo ha de ser entendido, pues, como calidad de vida, como ampliación de las oportunidades de los seres humanos sobre cómo vivir sus vidas; no se trata por tanto de una mera cuestión cuantitativa, sino cualitativa, de hallar un punto de equilibrio para ello.

Ω

IX

¿PERÚ EMERGENTE?

Para establecer el IDH, el PNUD usa una metodología de cálculo dando valores al PBI mínimo de 100 USD, siendo el mínimo para la educación de 0 y el mínimo de esperanza de vida en 20 años. Se usan fórmulas matemáticas cuyos resultados se expresan en decimales dando como valor máximo el 1 y el mínimo es el 0.

Noruega con 0.944 ocupa el primer lugar según la clasificación del IDH del año 2014; Estados Unidos se encuentra en el 5° puesto con 0.914. Dentro de los países latinoamericanos el mejor ubicado es Chile en el 40° lugar con 0.822, Cuba en el 44° con 0.815, Argentina en el 49° con 0.808, Uruguay en el 50° con 0.790, Panamá 65° con 0.765, Venezuela 67° con 0.764, Costa Rica 68° con 0.763, México 71° con 0.756, Brasil en el 79° con 0.744, Perú en el 82° con 0.737 y siguen, el más bajo en América es Haití con 0.471 y en el mundo está en África, Niger con 0.337

El Índice de Desarrollo Humano (IDH) 2014, que incluye educación y salud, señala que en el período entre 1980 y 2013 ese índice en el caso peruano ha crecido a una tasa promedio anual de 0,65%, informó recientemente el Programa de las Naciones Unidas Para del Desarrollo Humano (PNUD).

El documento presentado en Tokio, Japón, señala que Perú registra un IDH de 0,737, ligeramente más alto que el registrado en el anterior Informe 2013, cuyo valor era 0,734.

De este modo el Perú ha llegado a ubicarse en el rango de países de desarrollo humano alto, colocándose en el ranking mundial del 2014 en el puesto número 82 entre 187 países. Esta ubicación no ha variado respecto de la reportada en el anterior informe del 2013.

Hasta aquí todo se ve muy bonito para nuestros países latinoamericanos; sin embargo, al considerar el Índice del Desarrollo Humano ajustado por Desigualdad -IDHD- que toma en cuenta la **desigualdad** en la distribución de la salud, educación e ingresos que aún persisten en nuestros países, el IDH se reduce considerablemente, determinando que muchos países bajen su calificación inicial pasando a ser países "en vías de desarrollo o emergentes", e incluso, para algunos países determina una posición como "subdesarrollados". Esta es nuestra penosa realidad.

En el caso del Perú de un IDH de 0,737 con la aplicación del IDHD pasa a 0,562, es decir, una pérdida de 23,7%, una de las más elevadas entre todos los países de desarrollo humano alto.

Al leer el diario El Comercio de Lima, Perú, me encontré con una nota periodística, escrito por un experto en la materia, que me permito transcribir pues describe muy claramente lo que representa a mi país, Perú, como una nación con un potencial de desarrollo factible de poder realizar, y que viene a colación con lo que se pretende fijar en el contexto de SED. En el artículo se deja bien en claro que tal logro no será fácil, pero tampoco imposible.

* Hoy que buscamos entrar a la Organización para la Cooperación y el Desarrollo Económico (OCDE), el "club" de las economías desarrolladas, creemos que resulta fundamental preguntarnos qué tipo de desarrollo queremos. Veamos.

La medida más común de desarrollo es el PBI per cápita, es decir, cuánto del producto bruto del país le tocaría a cada peruano, si este se repartiera entre todos. Hoy tenemos un per cápita de 7 mil dólares por año, mientras un estadounidense tiene nueve veces ese monto. ¿Deberíamos aspirar a un per cápita como ellos? No necesariamente, pues el buen desarrollo no está ligado solo al PBI.

En primer término, porque un dólar en Lima alcanza más que uno en Nueva York, y mucho más si es en Villa El Salvador que en San Isidro. Debemos entonces compararnos por el costo de vida o "ppp" (poder de compra paritario), pero corregido además por grupos sociales y lugares, y no por dólares verdes iguales para todo el país. Y si bajamos los costos de acceso a bienes y servicios, como dar agua corriente en los hogares, haremos mucho más ricas a las familias que si generamos trabajo para que paguen por el agua cara de los camiones.

Un segundo aspecto es la distribución del PBI, pues los promedios ocultan que algunos ganamos como estadounidense rico y otros como peruano pobre. Un país bien desarrollado tiene mucha clase media, es decir, menor distancia relativa entre los ricos y los menos ricos. Ello aporta mayor paz social y genera un círculo virtuoso de crecimiento al tener más gente con capacidad de compra y, por ello, mayores economías de escala en la producción. Como en Alemania.

El tercer aspecto del buen desarrollo es que todos cubran sus necesidades básicas, es decir, que no haya pobreza. Y si existieran pobres, un país bien desarrollado no se contenta con ayudarlos a sobrellevarla, sino que genera las condiciones para que salgan de ella. Buena alimentación a los niños, educación pública de calidad y ayuda a los emprendimientos hacen que el desarrollo sea estructural, y la pobreza solo accidental. Como en Canadá.

El cuarto punto de un buen desarrollo es el respeto a la naturaleza. La minería, el turismo y la agricultura que respeten los bosques y los ríos no solo son un deber social sino una buena inversión, pues en el mediano plazo la naturaleza sana será el recurso más escaso del planeta, y su posesión será fuente de bienestar para quienes lo tengan. Como en Noruega.

Finalmente, en un país bien desarrollado la gente consume solo lo adecuado para maximizar su bienestar y el de su entorno. En él se sabe que más consumo no es más bienestar, allí se come bien pero se evita la obesidad por sobreconsumo de alimentos, y la gente se viste a la moda, pero no es esclava de ella. Como en algunos aspectos de los Países Bajos.

No es que planteemos parecernos a Canadá, Alemania o Noruega en todo, sino más bien creemos que estamos a tiempo para decidir si queremos ser un país OECD más, o si tomaremos lo bueno y evitaremos lo malo que el desarrollo ha traído a otros. Y entendemos también que cualquier ejercicio de planeamiento del país resultará inútil si no sabemos adónde queremos llegar. En otras palabras, estamos a tiempo para decidir si solo queremos desarrollo o si queremos ser un país de gente feliz.

* Rolando Arellano
Profesor de Centrum Católica
El Comercio.Lima.Perú. Lunes 08 de septiembre del 2014

Perú: un mendigo sentado en una banca de oro

Esta famosa frase que describe al Perú como un mendigo sentado en un banco de oro fue descrita por el científico italiano Antonio Raimondi, quien vió que la inmensa riqueza natural de este país estaba siendo desperdiciada, tanto en su época como hasta ahora. Giovanni Antonio Raimondi Dell'Acqua (Milán, Italia; 19 de septiembre de 1824 - † San Pedro de Lloc, Perú, 26 de octubre de 1890) fue un prominente investigador, naturalista, geógrafo, explorador, escritor y catedrático italiano, su especialidad consistió en un profundo y esmerado estudio de la fauna, flora y geología peruana. Radicando en el Perú, fue catedrático de la Universidad de San Marcos en Lima.

Siendo el Perú, en la actualidad, un ejemplo a seguir a nivel mundial en cuanto a desarrollo económico se refiere, no se ha visto que esta bonanza llegue a beneficiar al poblador rural o marginado, enmarcado en el alto **índice de pobreza** que aún nos afecta. La brecha socio-económica se ha hecho más amplia, el rico es aún más rico y el pobre más pobre, las disparidades a lo largo del país siguen siendo altas, particularmente entre las áreas rurales y las urbanas.

En el Perú, 20 de cada 100 personas son pobres según el Programa de las Naciones Unidas para el Desarrollo (PNUD). En el 2011, mientras la tasa nacional de pobreza era sólo 27.8%, habiendo bajado 3 puntos respecto al del 2010, alcanzaba un 56.1% de la población en las zonas rurales.

Para el año 2012 el Perú redujo a 24,2% su población en estado de pobreza, de acuerdo a cifras del PNUD. Aún hay más de 7 millones de peruanos en situación de pobreza.

El segmento de clase media peruana fue el que más creció en doce años, sin embargo aún hay un 40% de población en estado de vulnerabilidad (la "brecha" es muy evidente) y se encuentra entre los más altos de la región. Si bien la pobreza se redujo en 26,3 puntos porcentuales en el periodo evaluado, el riesgo latente de que parte de la población retorne a este grupo social es de 40% (**población vulnerable**).

Según el informe "Perfil de estratos sociales en América Latina: pobres, vulnerables y clases medias", en el Perú la mayoría del descenso en la pobreza se trasladó hacia la clase media y registró un aumento de 19,1 puntos porcentuales en su tamaño relativo durante un periodo de doce años.

Así, el segmento de clase media pasó de 15,2%, reportado en el 2000, a 34,3% en el 2012, al absorber la mayoría de la población en pobreza -con ingresos iguales o menores a US$4 por persona al día- y trasladando un pequeño porcentaje al segmento vulnerable.

El Perú comparte con toda América Latina la desafortunada distinción de ser una de las regiones con los más altos niveles de **desigualdad** en la "repartición" de los ingresos en el mundo.

La mayor proporción del ingreso total se encuentra en las manos del 10 por ciento de las familias más ricas de la región. Este grupo recibe más del 30 por ciento del ingreso total en todos los países de América Latina, con la única excepción de Costa Rica y Uruguay. En contraste, el 40 por ciento de las viviendas más pobres reciben entre el 9 por ciento y el 15 por ciento del ingreso total en la mayoría de los países de la región.

En el Perú, tomando los datos del Instituto Nacional de Estadística e Informática (INEI), se puede inferir que alrededor del 85% de la caída en la pobreza desde el 2004 a la actualidad se debe exclusivamente al crecimiento económico, mientras que el 15% restante se puede atribuir a la menor desigualdad en el ingreso.

A pesar de esto, según el Banco Mundial, el Perú es menos desigual que Brasil, Colombia y Chile y es tan desigual como México y el Ecuador. Así, el que todavía más de siete millones de compatriotas estén por debajo de la línea de la pobreza no es consecuencia de la concentración en pocos de la riqueza o la propiedad. La pobreza en el Perú no es el resultado de unos pocos que tienen mucho, sino de unos muchos que tienen poco (así lo sostiene Juan Mendoza, Director de la Maestría en Economía de la Universidad del Pacífico de Lima, Perú). Es producto de una pésima distribución de los ingresos.

El coeficiente de Corrado Gini (estadístico italiano), mide hasta qué punto la distribución del ingreso (o, en algunos casos, el gasto de consumo) entre individuos u hogares dentro de una economía se aleja de una distribución perfectamente equitativa. El **índice de Gini** es un número entre el 0 y el 1, en donde 0 se corresponde con la perfecta igualdad (todos tienen los mismos ingresos) y donde el valor 1 se corresponde con la perfecta desigualdad (una persona tiene todos los ingresos y los demás ninguno).

Los niveles más altos de desigualdad en los ingresos medidos por el **coeficiente de Gini**, en américa latina, se encontró en Brasil con un coeficiente de Gini de .64. Esta situación de altos niveles de desigualdad también se encuentra en Bolivia, Nicaragua, Guatemala, Colombia, Paraguay, Chile, Panamá, y Honduras, donde los coeficientes de desigualdad de los ingresos oscilan entre .55 y .60, (Perú tiene .52). Aún en los niveles de desigualdad encontrados en países como Costa Rica y Uruguay, donde los coeficientes son de .47 y .44 respectivamente, estos son sustancialmente más alto que los encontrados en los Estados

Unidos de América, en el Japón, y en algunos países de Europa Occidental (países desarrollados).

De acuerdo a diferentes fuentes, América Latina ha fracasado en sus intentos de reducir la desigualdad en los ingresos de su población. La Comisión Económica para América Latina, informa que aún cuando muchos países de la región han manejado sus economías en la dirección de expandir su crecimiento en forma importante, la mayor parte de ellos no ha logrado solucionar el problema de desigualdad de ingreso y mejorar las condiciones sociales de su población. El informe de CEPAL, concluye que "hay un consenso general el cual indica dificultades para encontrar señales promisorias que den evidencia a razones para mejorar esta situación en forma significativa en el corto y mediano plazo."

Estos informes tienden a indicar que uno de los caminos a seguir para solucionar esta situación, seria el lograr una mayor inversión en programas para mejorar la salud, la educación, y las fuentes de trabajo para la población de América Latina.

*Revista Austral 2014 • Valdivia • Chile
Facultad de Filosofía y Humanidades, Intituto de Ciencias
Sociales, Universidad Austral de Chile*

Como se puede deducir de lo expresado hasta ahora y no por lo que escriba el autor, sino por lo que señalan los expertos en el tema social y económico (por lo que me permito tomar sus acotaciones como referencia), podemos señalar que el desarrollo no es un simple incremento en la capacidad productiva gracias a la implementación estatal de mejoras técnicas y económicas, sino que, muy especialmente ha de intentarse experimentar y poner todo el esfuerzo para alcanzar un desarrollo equitativo y sostenido mediante la transformación de las dimensiones sociales y políticas.

El verdadero desarrollo humano, no podrá ser posible si no se logra la superación de las desigualdades económicas y sociales. El estado debe lograr el aplacamiento de los abusos e intereses de unos pocos y la eliminación de la corrupción que domina la estructura de muchos de nuestros países desde las más altas esferas del poder. El estado debe ejercer un mayor control de las oligarquías empresariales locales, quienes a su vez se asocian y permiten los abusos de las empresas capitalistas; la consolidación de la Democracia y las leyes; la extensión de las posibilidades educativas a todo el pueblo; una mayor y activa participación gubernamental en la seguridad del ciudadano y asegurar un amplio acceso a las comunicaciones y sus tecnologías a fin de que el ciudadano se mantenga bien informado y pueda tomar sus propias decisiones sin recibir presiones ni influencias orales directas.

El desarrollo económico consiste en aumentar las posibilidades de éxito para quienes desean escapar de la pobreza masiva pero manteniendo su cultura ancestral, sin abandonarla sino más bien reforzarla y actualizarla, por ser parte de su identidad nacional.

Juan Mendoza, Director de la Maestría en Economía de la Universidad del Pacífico sostiene:

"En nuestros países los datos sugieren que la manera más eficaz de combatir la pobreza no es diseñar programas de transferencias sino fomentar la inversión privada y el funcionamiento de los mercados. En el caso del Perú estos elementos han sido los motores del crecimiento desde 1990.

Sin embargo, siguiendo con el Perú, a pesar del significativo aumento en las transferencias públicas, la desigualdad, medida por el coeficiente de Gini, no ha variado de manera apreciable desde el 2010. Según el INEI, las zonas rurales de la costa y de la selva son hoy algo más desiguales que hace tres años. Más aún, la incidencia de la pobreza es mayor en regiones como Cajamarca con enormes riquezas minerales sin explotar.

Pero si queremos acelerar la erradicación de la pobreza más convendría destrabar, en serio, la inversión minera, evitar la proliferación de permisos redundantes y multas confiscatorias que anulan la iniciativa privada, y hacer *eficiente la provisión pública de **seguridad** ciudadana, **educación**, salud y administración de **justicia**".*

En las estrategias del Banco Mundial se indica:

*"El trabajo del Banco Mundial en materia de desarrollo social está destinado a apoyar medidas que permitan que las mujeres y hombres pobres, excluidos y vulnerables tengan igual acceso a **oportunidades**, contribuyan al progreso social y económico y se beneficien de este crecimiento. La búsqueda de soluciones a las necesidades comunes, la superación de las restricciones y la consideración de los intereses diversos ayudan a mantener la cohesión y prevenir los conflictos. El Banco también respalda la organización y el empoderamiento de las comunidades para demandar instituciones y proveedores de servicios más eficaces, transparentes, eficientes, y con mayor capacidad de respuesta. Esta estrategia ayuda a las comunidades a enfrentar una serie de crisis y tendencias negativas, sin importar si estas son económicas, políticas o ambientales.*

La superación de la pobreza no es solo un asunto de tener políticas económicas acertadas; se relaciona también con promover un desarrollo social que empodere a las personas, mediante la creación de instituciones y sociedades más inclusivas, cohesivas, resilientes y responsables. El Banco Mundial incorpora los principios del desarrollo social en sus operaciones de financiamiento".

A nivel mundial la **globalización** es un nuevo proceso que está teniendo lugar en estas últimas décadas como consecuencia del desarrollo alcanzado por las nuevas tecnologías y unos medios de comunicación más rápidos y asequibles para todos. Con la globalización se han logrado efectos positivos y negativos pero no se distribuyen equitativamente, sino que conducen a una nueva polarización con lo que se tiene más ricos globalizados y muchos más pobres localizados, pero excluídos.

La globalización pretende describir una sociedad muy amplia, mundial, más allá de fronteras, barreras arancelarias, diferencias étnicas, credos religiosos, ideologías políticas y condiciones socio-económicas o culturales. Esta corriente surge como consecuencia de la internacionalización cada vez más acentuada de los procesos económicos, los conflictos sociales y los fenómenos político-culturales.

A partir del proceso de globalización se ha creado una mayor dependencia de los países no desarrollados hacia aquellos que lo son. Este fenómeno se ve incrementado exponencialmente desde el momento en que el desarrollo y avance inimaginable de las tecnologías y los medios de comunicación han posibilitado que el sueño neoliberal de conseguir el máximo beneficio pueda hacerse posible mediante la deslocalización de las multinacionales hacia aquellos países en los que los costes de producción y las reglamentaciones estatales sean menores.

La consecución del Desarrollo, como posibilidad de ampliar las opciones existenciales del ser humano a la hora de vivir y convivir con otros, no podrá venir dada, por tanto, mediante las recetas de los técnicos del núcleo, sino mediante una estrategia endógena que actúe sobre aquellos obstáculos materiales, sociales o culturales que dificultan un acceso igualitario a los bienes, servicios y derechos de los que todo ser humano podría disfrutar por el mero hecho de serlo.

Y es que, el verdadero factor de subdesarrollo, se encuentra en las dimensiones sociales, políticas y culturales propias de cada país que lo hacen característico y creador de su propia Identidad Nacional, que es lo que cada Estado debe tratar de promover y apoyar para alcanzar el desarrollo; pues este se logrará solo con el esfuerzo compartido del núcleo Estado-población.

Ω

X

"la integración es creadora de identidad... /...la identidad es creada a travez de un proceso de integración".

Erik Erikson

PERÚ CON SED

Tal como lo hemos señalado en el capítulo VI, a nuestro concepto se puede correlacionar **Identidad Nacional** con **Integración Social**, y desde el inicio de los escritos hemos venido tomando conceptos de los expertos, tanto de personas como de organizaciones internacionales, a fin de sustentar con base nuestras premisas. Siempre gracias al libre acceso a la moderna tecnología que nos permite el uso de esa gran **Universidad Virtual** que es el Internet, y que es prácticamente gratis, continuaremos por el mismo camino; la **alfabetización tecnológica** nos lo permite.

Al lograr establecerse una Identidad Nacional ya se ha alcanzado, previamente, una Integración Social nacional. País que alcanza una integración social ha logrado sembrar la Identidad Nacional, ha tomado el camino del desarrollo socio-económico, desarrollo que será más o menos logrado de acuerdo a los alcances de SED, que haya sido satisfecha y que sus logros hayan sido distrubuído equitativamente en la población.

La idea de identidad nacional está asociada al proceso de homogeneizar las costumbres, la forma de pensar y de ver la vida, respetando la cultura de todos los habitantes. En el Perú cuando se toca el tema de la identidad nacional se tiene la resistencia natural a dudar de la prosperidad de un concepto como éste, en un país tan diverso como lo es el nuestro. Existe una apología a la diversidad cultural e identificatoria, que subraya las diferencias de origen y que tiene un prurito racial y cultural demasiado fuerte. El Perú es una mezcla de múltiples culturas como la quechua y aymará, cuya cosmovisión es muy distinta a la afroperuana, shipiba o aguaruna, también peruanas, y se llegan a establecer también diferencias entre pobladores de la costa, sierra o selva, acentuadas por las contínuas migraciones internas que determinan un crisol de mestizaje muy amplio con resultados variables al asimilar las costumbres diversas.

Por otro lado la globalización como proceso mundial, viene determinando cambios severos en el proceso de integración nacional en las naciones del orbe. Gracias a las **TICs** (Tecnologías de la Información y la Comunicación), las naciones pueden ohora satisfacer su necesidad urgente de poder llegar a los lugares más apartados de sus respectivos territorios enmarcados por sus fronteras, contando para ello con un método de fácil acceso y sin fronteras. Las TICs han superado las fronteras establecidas por los gobiernos, sin la necesidad de armar conflictos entre ellos.

Los estados que se permiten adoptar las nuevas vías de comunicación y transporte, que lo constituyen las TICs, cuentan con "supercarreteras tecnológicas" con mínimas inversiones, inmensos ahorros en sus resultados y de infinito beneficio para la población, aún de las más alejadas y de las más vulnerables. La población en general requiere de un acceso a una verídica información y establecer una urgente vía de comunicación con sus representantes y/o su gobierno, a fin de solucionar su presente y planificar su futuro.

Las TICs también han logrado que, por hoy en día, en el Perú nos encontremos con nuevos procesos de expresión cultural e identificatoria que van más allá de las diferencias existentes, tanto territorialmente como con el resto del mundo, más allá de las fronteras; procesos culturales de continuo cambio que empiezan a darle nuevos rostros y formas a eso que llamamos peruanidad. Ya desde el siglo pasado se empezó a vislumbrar señales de ello. Los pobladores andinos y de la selva peruana no solo han poblado físicamente las grandes y pequeñas ciudades de la costa; son sus costumbres, vivencias y expresiones culturales, su folklore, que llevaron consigo las que reciben influencias de toda índole gracias a la tecnología actual.

Una vez más podemos señalar que gracias a los avances de la tecnología digital, con su máxima expresión la Internet, nuestro **folklore** también ha asimilado su influencia. El término "folklore" proviene de dos voces inglesas: folk (pueblo) y lore (saber) que unidos se usa para referirse a todas las manifestaciones ancestrales de las culturas del mundo que sobreviven hasta la actualidad. Las artes, pintura, música, sus danzas, vestimenta, la sabiduría y las costumbres, incluyendo sus alimentos típicos, son heredados de generación en generación, de padres a hijos, desde tiempos inmemoriales, lo cual nos permite identificarnos como una nación y diferenciarnos de otras.

El folklore peruano es probablemente el más variado y rico de sur América. Esto se debe a que el país se ubica exactamente donde habitaron las más antiguas y ricas culturas originarias de America del sur. El Perú fue el centro del Imperio Inca y después, en épocas del coloniaje, el eje del Virreynato del Perú, y alberga hoy en día miles de danzas muy variadas y diferenciadas dentro de sus tres territorios geográficos: costa, sierra y selva.

El folclore peruano se manifiesta con toda su grandiosidad y riqueza en las fiestas patronales o tradicionales de los pueblos. En casi todos los poblados del país rinden homenaje a un santo patrón o a una santa patrona, oportunidad donde los habitantes manifiestan toda su alegría mediante los bailes de sus danzantes y los potajes propios del lugar.

En los tiempos actuales la tecnología ha permitido un "mestizage" del folklore debido a la migración interna del poblador entre las tres regiones peruanas. Este fenómeno social también ha generado, positivamente, una **identidad nacional** en aumento; en las reuniones sociales, de cualquier región del país, compiten la música andina, costeña y selvática con la música de las regiones fronterizas e internacionales. Unas dos décadas atrás, nuestro folklore también era marginado, o peor aún discriminado.

Por todo esto y siguiendo nuestro planteamiento de SED, si tomamos el diagrama de Veen a fin de reducir a gráfica el caso peruano, en la actualidad podemos representarlo como un país en vías de desarrollo (y lo comparamos con lo que representaría a un país desarrollado), como sigue:

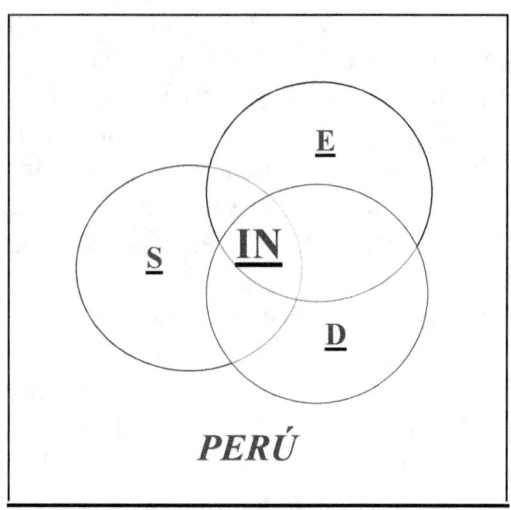

Como podemos apreciar los círculos de SED se expresan con congruencia, pero no tenemos una Integración Social/Identidad Nacional plena, el Estado tiene que trabajar más en proporcionar Seguridad con justicia, en asegurar una Educación con oportunidad y ejercer una Disciplina aplicando la leyes equitativamente.

En cambio, en el gráfico que presentamos a continuación, se representaría una mayor congruencia de círculos y por lo tanto una mayor Identidad Nacional. La perfección sería una completa congruencia con lo cual se determinaría una Identidad Nacional plena. Por lo tanto, se puede concluir que se llega a ello cuando se ha alcanzado una Integración Nacional, donde el Estado, en perfecta armonía con la población se han integrado en una sólida unión Estado-población en la cual las necesidades humanas se han satisfecho, logrando el bien común equitativamente. Se habría alcanzado o mejor dicho satisfecho con SED. En los tiempos actuales ningún país a nivel mundial ha alcanzado esta perfección.

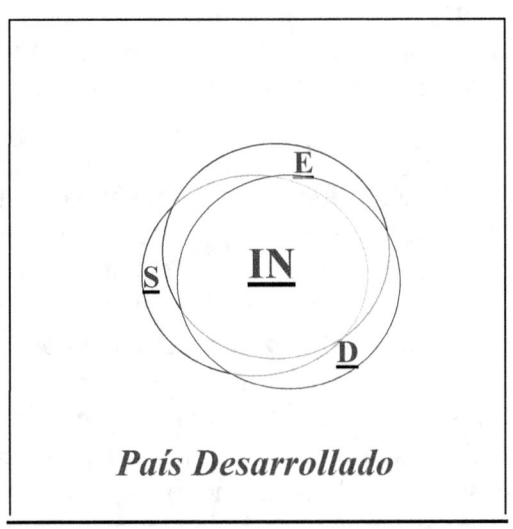

País Desarrollado

El IDHD que nos presenta la ONU o cualquier otro informe o estudio realizado por los expertos nos demuestra lo afirmado. Podemos deducir que la perfección no depende solo del desarrollo logrado en el aspecto económico sino también, y considero lo más importante, del desarrollo humano para lo cual es indispensable pues la integración Estado-población.

Es esencial la presencia del Estado en los rincones más alejados del país a fin de sortear las dificultades que afecta al ciudadano rural. Como ya señalamos las TICs nos dan la solución al problema. Pero hablar de "presencia" o "ausencia" del Estado resulta un poco ambiguo porque se expresa cantidad y no calidad, que es lo que el Estado debe imponer como respuesta mediata a las demandas de la población.

El Estado peruano en las condiciones actuales enfrenta un gran reto: contar con los medios necesarios a fin de poder cumplir con sus obligaciones adquiridas o por adquirir, en su compromiso de un sostenido crecimiento económico y repartición equitativa de los beneficios. Para tal fin tiene que tecnificarse para poder competir a nivel internacional con los mismos lineamientos de otros países que, lamentablemente, a la fecha nos aventajan. Contamos con el capital humano necesario, pero se encuentra mal distribuido e incluso centralizado en las capitales de las grandes ciudades.

En pleno siglo XXI es ya confirmado que mediante el proceso de globalización todos los grupos y países tienen la misma oportunidad de beneficiarse por igual de las nuevas tecnologías y conocimientos. De no tomarse en cuenta ello por los países comprometidos en crecer para satisfacer la SED de sus ciudadanos, se puede afirmar que, tal vez, de aquí a unos cuantos años el abismo que divide al núcleo de la periferia (tanto en lo que a naciones como a grupos se refiere) crezca desorbitadamente, pues el desarrollo de las técnicas de información, comunicación y conocimiento se desarrollan de modo exponencial y cuanto más tarde se intenten adaptar los individuos, los grupos y los estados a él, más difícil será que realmente consigan crecer y alcanzar el desarrollo deseado, más bien merecido.

Dadas las favorables condiciones actuales, el Perú se está convirtiendo en un país de ingreso medio más fuerte y la demanda de servicios de conocimiento está aumentando; el estado y la inversión privada han facilitado la satisfacción de tal demanda creándose más centros académicos; sin embargo la demanda y la oferta laboral no van de la mano, no coinciden. Esto hace que existan demasiados profesionales sin trabajo, viéndose éstos, por la necesidad, verse forzados a cumplir con labores para lo cual están "sobrecalificados", desplazando a aquellos que de por sí ya están inmersos en la desesperación por conseguir un ingreso remunerado. Asimismo, la provisión de servicios sociales por el estado no van de la mano con la equidad y urgencia requeridos.

Durante las últimas dos décadas, el Perú ha logrado grandes avances en su desarrollo. Sus logros incluyen: tasas de crecimiento altas, baja inflación, estabilidad macroeconómica, reducción de la deuda externa y de la pobreza, y avances importantes en indicadores sociales y de desarrollo por mencionar algunos. Esta etapa de auge fue frenada temporalmente por la crisis económica global que afectó al Perú al igual que a prácticamente todas las economías del mundo. Sin embargo, durante el 2010, la recuperación del Perú ha sido sobresaliente y la economía creció a tasas tan altas como las obtenidas previamente a la crisis.

El país se embarcó en una serie de reformas, de las cuales la consolidación fiscal, la apertura comercial, la flexibilidad cambiaria, la liberalización financiera, la mayor atención a las señales del mercado, y una política monetaria prudente, inclusive con una fuerte acumulación de reservas, han sido componentes clave. La prudencia fiscal ha sido reforzada adicionalmente en años recientes por los altos precios de las materias primas. Sin embargo el Perú es sensible a cambios en los precios de las materias primas y a su impacto en los ingresos por recursos naturales, pero está relativamente menos expuesto a dichos ingresos que otros países de la región.

Un pueblo con SED

Urge que el estado tome medidas de políticas sociales adecuadas para saciar la SED imperiosa de los ciudadanos a fin de contrarrestar lo dañino que puede resultar para el país, si no se corrigen crasos errores a tiempo; errores o falta de acción gubernamental que se aprecia a diario en los medios de difusión informativa como lo que paso a transcribir:

Líder Asháninka asesinado había pedido mayor seguridad hace un año

* El Comercio.Perú /Miércoles 10 de septiembre del 2014

Edwin Chota es uno de los cuatro indígenas asháninkas que fueron asesinados el pasado 1 de setiembre por madereros ilegales en la comunidad nativa del Alto Tamaya-Saweto, en la región Ucayali, zona cercana a la frontera con Brasil.

Asociaciones indígenas informaron que los otros fallecidos son Leoncio Quincima, Jorge Ríos y Francisco Pinedo. Ellos se dirigían a una reunión de líderes de comunidades indígenas

- 121 -

asentadas en la frontera Perú-Brasil con el fin de revisar su estrategia de vigilancia fronteriza frente a la tala ilegal, la deforestación y el narcotráfico.

Edwin Chota, jefe de la comunidad de Alto Tamaya-Saweto, advirtió en abril del 2013 los peligros frente a madereros ilegales. También hace más de un año, a nivel internacional se conoció el llamado de Chota al Gobierno peruano. Por ejemplo, el prestigioso diario estadounidense "The New York Times" alertó sobre la corrupción en Perú en la lucha contra la tala ilegal.

Como jefe de la comunidad de Alto Tamaya-Saweto, en abril del 2013 ya había advertido la necesidad de protección de parte del Gobierno peruano y de que se hagan respetar los derechos de los pobladores originarios de la localidad.

"Lo otro es que no hay una política de frontera. No hay presupuesto para la Policía, la Marina, el Ejército o lo que compete", dijo entonces. En un video difundido en YouTube, se le escucha insistir en su pedido de proteger la integridad física de los miembros de su comunidad.

Ello porque, contó, ya habían visto a madereros ilegales con machetes en mano y haciendo disparos con armas de fuego. Mencionó además que hubo conversaciones para destacar más policías a la zona, pero los gastos iban a ser pagados por una ONG. "Es un riesgo de vida para nosotros mismos", también manifestó en la grabación, en la que también comenta que se había pedido capacitación para que los miembros de su comunidad se defiendan por sí mismos. Otros problemas que mencionó se referían a la educación, pues no había docentes para los niños, y la salud.

Según el mismo diario El Comercio, la deforestación de nuestra Amazonía, contra la que tanto luchó Edwin Chota, avanza cada año en un promedio de 100.000 hectáreas. A la fecha existen más de 8 millones de hectáreas deforestadas. Esto es fácil de explicar cuando se toma en cuenta que a la acción de los madereros ilegales se suma la aún más destructiva de otros invasores: los de la legal agricultura migratoria, responsable de hasta el 80% de nuestra deforestación.

Como primera reacción uno pensaría que para acabar con este problema el gobierno tendría que enviar más policías. Sin embargo, este camino parece poco conducente cuando uno toma en cuenta que nuestra Amazonía tiene una extensión de 754.139,84 kilómetros cuadrados (57,9% del territorio nacional). Y, al menos hasta la fecha, nuestras fuerzas del orden no parecen poder ni siquiera asegurar el 42,1% restante (28% sierra y el resto costa) del territorio nacional, que supuestamente debería estar bajo control gubernamental.

Esto es un ejemplo de la problemática peruana, que no lo hace muy diferente a la que afecta a todos nuestros países latinoamericanos y en general a cualquier otro país en el mundo entero, enmarcados dentro de la denominación de "países en desarrollo o en subdesarrollo".

Nuestro país tiene la posibilidad de recibir el apoyo de organismos internacionales, como el Banco Mundial y la UNESCO entre muchos otros.

Por ejemplo la nueva Alianza Estratégica con el País (AEP) 2012 - 2016 del Grupo del Banco Mundial (GBM), se centra en apoyar al Gobierno Peruano para mejorar la equidad mediante servicios sociales, infraestructura y competitividad, preservando a la vez la estabilidad macroeconómica.

"La AEP se encuentra estrechamente alineada con la visión estratégica del Gobierno de un crecimiento fuerte con mayor inclusión, y se concentra selectivamente en los campos en los que el GBM puede proporcionar mayor valor agregado al país. El plan presenta cuatro objetivos estratégicos:

(i) aumentar el acceso y la calidad de los servicios sociales para los pobres;

(ii) conectar a los pobres con los servicios y los mercados;

(iii) crecimiento y productividad sostenibles; y

(iv) gobernabilidad y desempeño público inclusivos.

La cartera de asistencia financiera al Perú del BIRF *(Banco Internacional de Reconstrucción y Fomento) cuenta a marzo del 2012 con operaciones por un monto de US$1.95 mil millones. Bajo la nueva AEP, podrá incrementarse hasta en US$ 250 millones anualmente.*

El GBM continúa trabajando de una manera integrada, ahondando la búsqueda de sinergias potenciales entre la Corporación Financiera Internacional (IFC), el Banco Internacional de Reconstrucción y Fomento (BIRF) y el Organismo Multilateral de Garantía de Inversiones (OMGI).

El GBM viene colaborando con el Perú con el objetivo de satisfacer tres prioridades:

  (1) **Satisfacer necesidades básicas:** *Se registró un marcado progreso en satisfacer las necesidades básicas de la población entre el 2006 y el 2011. La contribución del Banco vino a través del Programa Nacional de Agua y Saneamiento Rural (PRONASAR), de la electrificación rural (2006) y los préstamos para políticas de desarrollo (DPL) en sectores sociales. Estos son una serie de tres operaciones para apoyar al Gobierno del Perú en el fortalecimiento del marco de rendición de cuentas y mejorar los resultados en salud, nutrición y educación (2007, 2009 y 2011).*

  (2) **Desarrollo de un nuevo contrato social en educación, salud y nutrición:** *La prestación de servicios de educación, salud y nutrición está caracterizada por un mayor énfasis en los resultados y en una mayor rendición de cuentas.*

  (3) **Modernización de las instituciones del Estado:** *El Proyecto de Mejoramiento de los Servicios de Justicia ha venido apoyando la reforma del sistema de justicia."*

Como vemos, el apoyo que brindan los organismos de talla internacional al Perú es muy alentador, y se basa en la confianza que tienen dichos organismos en que el país mantenga el

- 124 -

crecimiento sostenido. Pero todos sabemos que si no se hace con la debida transparencia de parte del estado y que se muestren resultados favorables en el proceso de integración nacional, la ayuda se tornaría en nula, en cualquier momento. He allí la urgente necesidad de que el gobierno cambie de rumbo actual, de incertidumbre en el accionar por brindar Seguridad (con Justicia), Educación (con Oportunidad) y Disciplina (pero en base a la Leyes).

Como he venido señalando capítulo a capítulo, no me considero, ni mucho menos pretendo, ser un experto en los diversos temas que se han tratado hasta el momento; pero sí estoy convencido de poder contar con la libertad de expresión necesaria y con la libertad de acceder al uso de la tecnología informática, que es de libre acceso. Sólo me considero un facilitador social que intenta llegar a la mayoría de la población proporcionandole la información actualizada, a la cual no tiene acceso aún, a fin de que el lector se permita meditar y recapacitar sobre cualquier toma de decisiones propias o de parte del gobierno, que afecten su quehacer en la sociedad.

Con esto en mente me permito mencionar algunas ideas del **Dr. Francis Fukuyama** expresadas en su obra *"La construcción del Estado: Hacia un nuevo orden mundial en el siglo XXI".* Francis Fukuyama (nacido el 27 de octubre de 1952 en Chicago) es un influyente politólogo estadounidense de origen japonés. Doctor en Ciencias Políticas por la Universidad de Harvard y catedrático de la Universidad Johns Hopkins. El Dr. Fukuyama ha escrito muchas obras y sobre una variedad de temas en el área de desarrollo y política internacional.

Siguiendo los planteamientos de Francis Fukuyama en su obra "La Construcción del Estado", donde se aplica el término **estatalidad**, donde él propone en un estado, sus dos elementos súmamente importantes:

I. **Alcance de las actividades estatales**, que consiste en las diferentes funciones y objetivos que asumen los gobiernos (mismas que pueden ir desde el suministro de defensa nacional hasta las tareas de seguridad social o la promoción de determinadas industrias), y

II. **Fuerza o capacidad del estado** para programar o elaborar políticas y aplicar las leyes con rigor y transparencia que equivale a lo que se denomina hoy en día capacidad o institucionalidad (fuerza entendida como la capacidad de lograr el cumplimiento de la ley, tener una administración pública eficaz, controlar efectivamente la corrupción, y alcanzar un alto grado de transparencia y rendición de cuentas).

Actualmente, bajo los conceptos de Fukuyama, en lo que concierne a nuestros países latinoamericanos, se podría establecer que su estructura de Estado se caracterizaría por:

1. No representar fuerza de poder del Estado (es decir, no se está en capacidad de hacer políticas de estado y cumplirlas; tampoco de poder hacer cumplir la ley enérgicamente, con transparencia y equidad), y

2. Gran deficiencia en el alcance global de las actividades que desempeña el Estado (es decir, en qué tantos ámbitos se ha comprometido a participar, lo que cotidianamente se llama "tamaño" del Estado).

Esta situación permite que la población entera se sienta desatendida, marginada, con SED; siendo presa fácil de influencias negativas e, incluso, ideologías exportadas que prometiendo una solución, conducen a incrementar el descontento, la inseguridad ciudadana y allanar el camino al conflicto social.

Este es el tema del Dr. Fukuyama, defender y promocionar el fortalecimiento del Estado Democrático moderno como pilar del nuevo orden mundial. Un Estado eficaz ha de basarse en una administración honesta y competente pero, como lo explica el mismo Fukuyama, no resulta fácil transpasar a los países en desarrollo el modelo administrativo de una nación desarrollada. Porque no se trata tan sólo de buenas prácticas que se pueden copiar, sino de tratar de modificar todo un sustrato socio-cultural que sólo se podría llevar a cabo lentamente, pues se hace muy difícil que la ética profesional de una burocracia decente arraigue en países habituados a prácticas clientelares, incluída la corrupción, por generaciones.

Por lo tanto, los cambios positivos dirigidos a iniciar un despegue hacia el desarrollo dentro de una sociedad deben esperarse tras un proceso largo, por generaciones también. Para lograrlo es necesario implantar serias y sólidas transformaciones en el proceso de aprendizaje de los componentes de una sociedad. Hay que imponer una educación desde los primeros años del educando, dirigida a valorar la ética en la convivencia social, la conducta moral, el amor a la patria y hacia los demás, el amor a la naturaleza, respeto a las leyes y a las autoridades; permitiendo asimismo que el ciudadano conozca sus derechos.

A mi parecer, el aprendizaje del educando debe estar orientado a alcanzar paulatinamente, primero el concepto de su propia identidad y luego que el mismo se vaya comprometiendo a ser parte, como un ser más, de la sociedad en la que le ha tocado vivir, para terminar con una completa integración social colectiva. Como meta final se debe lograr una **identidad nacional**.

Ω

XI

EL PODER DEL SISTEMA

POLÍTICA

Por siglos se ha intentado explicar el concepto de lo que es **política** y las formas en las que ésta debe aplicarse a las diversas asociaciones humanas a fin de lograr el convivir en paz y con felicidad entre los componentes. Los filósofos griegos Platón y Aristóteles con sus deducciones fueron los que más claramente nos dejaron sus conceptos sobre lo que es la política. Aristóteles, pese a ser discípulo de Platón por 20 años, se distanció de las posiciones idealistas de aquél, para elaborar su propio pensamiento de carácter naturalista y más realista que su maestro.

Para **Aristóteles** el hombre es un "animal político" por naturaleza; el instinto natural hacia la reproducción y la conservación inclina a los hombres a vivir unidos, primero en la familia, luego en la aldea (unión de varias familias) y finalmente en la ciudad-estado. Aristóteles sostenía que el buen funcionamiento de una ciudad-estado no se asegura solamente por aunar voluntades hacia un bienestar común como finalidad; se requiere también de leyes sensatas y apropiadas que respeten las diferencias y eduquen a los ciudadanos para la responsabilidad civil dentro de la libertad de vivir en sociedad.

Platón, en su obra "**La república**", manifiesta que la forma en la que debía gobernarse un pueblo era a través de la observación de la realidad y la puesta a prueba de cambios y mejoras idealistas y que dicho trabajo debía estar a cargo de los seres más sabios de esa sociedad. Por su parte, Aristóteles con su obra "**La Política**", proponía un enfoque científico de la política, donde el análisis social se hiciera tomando en cuenta elementos psicológicos, culturales y sociales; estableciendo relaciones de causa y efecto.

Aristóteles, además, manifestaba que en el establecimiento de un estado era imperiosa la necesidad de crear una clase media que atenuase la brecha existente entre los más ricos y los más pobres.

Por lo anotado hasta ahora, podemos señalar entonces que la naturaleza humana arrastra instintivamente al hombre a la asociación política, es así como surge el Estado. Dice Aristóteles: *"La **justicia** es una necesidad social, porque el derecho es la regla de la vida para la asociación política, y la decisión de lo justo es lo que constituye al derecho."*

Como se ha dicho, política es una actividad humana cuya razón de ser es alcanzar, dentro de una sociedad organizada, un fin preciso: el **bien común**, equitativamente distribuído para todos; todo debe llevarse a cabo con el objetivo común de alcanzar la paz a través de métodos que no incluyan la violencia ni la imposición forzada.

Algunas teorías sobre política afirman que no debe ser importante resolver de qué forma se estable la relación de poder-dominio sino de qué maneras se puede entender la integración de las partes del grupo, contemplando incluso aquellas minorías que en la mayoría de los casos no son tomados en cuenta. Esto significa analizar y comprender cada una de las relaciones que existen entre los miembros tanto individuales como colectivos. De este modo, podemos caer en una nueva definición de la palabra, llegando a comprenderla como el arte de la integración y no de la dominación, como la gran mayoría sostiene.

Con esta filosofía en mente es que podemos asegurar que el surgimiento de los diferentes estados a travéz de la historia de la humanidad y su capacidad para proporcionar orden, seguridad y derechos de propiedad fue lo que hizo posible el crecimiento del mundo económico moderno; con sus diferentes matices, dependiendo de la proyección que el respectivo estado haya determinado en su implementación como sistema de poder.

PODER POLÍTICO

El **poder político** siempre se ha manifestado en la relación entre humanos y en su génesis está la obediencia: se tiene poder en la medida en que se es obedecido. Desde un punto de vista filosófico político, se concibe al poder como la capacidad que tiene un individuo o un grupo de modificar la conducta de otros individuos o grupos. El poder político es una consecuencia lógica del ejercicio de las funciones por parte de las personas que ocupan un cargo representativo dentro de un sistema de gobierno en un país. El poder político es legítimo cuando el que lo ejerce es elegido conforme a las leyes del país expresado en su Constitución.

En las actuales democracias ya el poder politico no es absoluto, sino dividido en los tres poderes del Estado: Poder Legislativo, Poder Ejecutivo y Poder Judicial, y debe contar con el reconocimiento popular, o sea poseer legitimación que se logra mediante el voto en elecciones democráticas. El poder político reside en el pueblo que lo delega en sus representantes elegidos por el voto popular por un período de tiempo limitado.

Casi a las finales del siglo XVIII en los países de Europa surgieron diferentes corrientes filosóficas, enmarcados como los **Enciclopedistas**, que determinaron una gran influencia en las decisiones de las naciones, predominantemente monárquicas, para definir su futuro con cambios en su estructura de poder mediante una revolución. Con el Racionalismo de **René Descartes**, un filósofo, matemático y físico francés, considerado como el padre de la geometría analítica y de la filosofía moderna, así como uno de los nombres más destacados de la revolución científica, podría quizá encontrarse el fundamento filosófico de la Revolución Francesa. Descartes concluyó que lo único que el individuo puede afirmar de forma cierta es su propia existencia: *«Pienso, luego existo».* De éste modo, la sola proposición llevaría implícito el proceso contra la monarquía reinante tanto en Francia como en el resto de países europeos de la época.

En la Europa moderna del siglo XVIII, la corriente filosófica vigente en Francia era la **Ilustración**, cuyos principios se basaban en la razón, la igualdad y la libertad. La Ilustración había servido de impulso a las trece colonias norteamericanas para la independencia de Gran Bretaña. Tanto la influencia de la Ilustración como el ejemplo de los Estados Unidos sirvieron de «trampolín» ideológico para el inicio de la revolución en Francia. En 1789 en Francia se inició una verdadera revolución popular que cambió el destino del resto de países no solo europeos sino en el resto del mundo. Se inició con ello la edad Contemporánea.

Los principios de razón, igualdad y libertad que llevaron al pueblo francés a decidirse para tomar sus propias decisiones, le aseguraron su derecho a una Soberanía Nacional; las ideas que inspiraron la Revolución Francesa determinaron también un esquema señalando que la fuente del poder no eran las características del poderoso sino únicamente la voluntad de los súbditos que lo dejaban tener el poder. Esta idea llevó al convencimiento de que el verdadero poder nacía de la masa de súbditos, el pueblo, y éste debía tener la capacidad de delegar tal poder en quien le placiera y en las condiciones que considerase más apropiadas y durante el tiempo que creyera conveniente.

SISTEMA POLÍTICO

Como la gran mayoría de las naciones-estado libres del mundo actual, Estados Unidos nació de una revolución contra la autoridad estatal colonialista; la consecuente cultura política antiestadista quedó reflejada en su Constitución y reafirmada con la Guerra civil, tras la cual no solo se puso fin a la esclavitud, sino que se consolidó la nación como una unión de estados sujetos al poder federal central. Esa guerra fue una lucha entre dos tipos de economías totalmente distintas: una industrial-abolicionista (Norte) y otra agraria-esclavista (Sur); al finalizar se dió vía libre a la industrialización incrementada con la producción en tiempos de guerra e impulsó el avance de la tecnología en su época.

Como su nombre lo indica, los Estados Unidos es una república Federal, Constitucional y Democrática conformada por cincuenta Estados y un distrito federal que se han unido, se han integrado en uno solo, bajo una sola Constitución, dejando claramente establecido un sistema único que nos permitiría expresarlo como el **Poder del Sistema Americano**.

La Constitución de los Estados Unidos de América es la constitución federal más antígua que se encuentra en vigor actualmente en el mundo; contiene siete artículos originales, y veintisiete enmiendas. El preámbulo establece:

Nosotros, el Pueblo de los Estados Unidos, a fin de formar una Unión más perfecta, establecer Justicia, afirmar la tranquilidad interior, proveer la Defensa común, promover el bienestar general y asegurar para nosotros mismos y para nuestros descendientes los beneficios de la Libertad, ordenamos y establecemos esta Constitución para los Estados Unidos de América.

Estados Unidos tiene un sistema politico de gobierno que está limitado por su carta magna, la Constitución, que históricamente ha restringido el alcance del poder estatal con una actividad estatal establecida con limitaciones, tales como gobierno constitucional, que garantiza la protección de los derechos individuales, la separación de poderes, federalismo, etc.

Una vez que se implementó la Constitución de los Estados Unidos, los estados delegaron gran parte de sus facultades soberanas al gobierno federal en Washington DC, la capital del país, donde radica el Presidente, su gabinete y el Congreso. A partir de aquí se establece un orden político piramidal, bajo una sola Constitución.

Independientemente del poder central federal, los cincuenta Estados de la unión mantienen muchas facultades importantes; por ejemplo, cada uno de los estados conserva el derecho de dirigir su propio sistema educativo, de otorgar licencias a los médicos y a otros profesionales, de ofrecer protección policíaca a sus ciudadanos estableciendo, cada ciudad, su propio cuerpo policial y de dar mantenimiento a sus carreteras. Siguiendo esta metodología y de acuerdo con la tradición estadounidense de mantener al gobierno tan cerca del pueblo como sea posible, los estados delegan muchas de estas facultades a sus subdivisiones políticas: los condados, las ciudades, los pueblos, y las aldeas.

Así, al más bajo nivel político de esta pirámide, los habitantes de una pequeña comunidad de Estados Unidos eligen a los representantes de su aldea para que se hagan cargo de sus departamentos de policía y de bomberos, y eligen un consejo educativo para dirigir sus escuelas. Al nivel del condado, los votantes eligen funcionarios responsables de las carreteras, los parques, las bibliotecas, el drenaje, y otros servicios, y eligen o designan jueces para los tribunales. Los ciudadanos de cada estado también eligen al gobernador y a los miembros de la legislatura estatal; así mismo los ciudadanos de todos los estados votan en las elecciones federales para Presidente y por los miembros del Congreso.

Tras la Independencia, al irse incorporando a la federación, los Estados transferían ciertos poderes al poder central; por la **Décima Enmienda a la Constitución**, todos los poderes no explícitamente transferidos son retenidos por los respectivos estados y los ciudadanos. Históricamente, las competencias en materia de educación pública, salud pública, transporte y otras infraestructuras sociales han sido consideradas responsabilidades principalmente estatales, aunque todas tengan tanto una estricta regulación federal sujeta a la Constitución, como una financiación federal significativa.

El sistema político de los Estados Unidos se concibe como un aparato de poder político de las clases gobernantes; debe ser entendido como un conjunto de instituciones, organizaciones, mecanismos y normas de clase, constituido por elementos organizativos del sistema, así como de Instituciones políticas. El Estado, como tal, hace uso de los elementos necesarios a fin de llegar a sectores poblacionales que comunmente no tienen una alta participación política, en su afán de hacer más participativo al pueblo.

Hoy en día se hace uso de las herramientas llamadas TICs (Tecnologías de la Información y la Comunicación), como instrumento informacional; y a conciencia de su efectividad, como complemento de los medios de comunicación convencionales, para una efectiva propaganda de la acción gubernamental, de la diplomacia pública e internacional y de la participación de los Estados Unidos en los mecanismos de apoyo a la democracia mundial, así como la ayuda al exterior.

Según el poder ejercido por el Estado y en base a lo considerado por las ciencias políticas modernas, el Sistema Político Americano podría encajar bajo lo siguiente:

✓ poder institucionalizado (estabilizado y articulado en roles coordinados);

✓ poder de jure (reconocido por la normativa jurídica vigente);

✓ poder estabilizado (muy alta probabilidad de ser obedecido)

Por todo ésto, al intentar exponer mi planteamiento, prefiero referirme como el **poder del sistema** al concepto de lo que, para mi, representaría un Estado ideal. Un **Estado ideal** es aquel que sea capaz de proporcionar, de facilitar, de proveer los medios necesarios a su población, a fin de que satisfaga su **SED**, que conlleva a ofrecer: **S**eguridad (por Justicia), **E**ducación (por Oportunidad) y **D**isciplina (por Leyes).

El hecho de residir, laborar y compartir, desde hace veinticinco años con ciudadanos de diferentes nacionalidades y apreciar lo que representa para el mundo los Estados Unidos de Norte-América: la primera potencia mundial, me permite opinar que me encuentro en el Estado con el mejor sistema politico y que representa el **Poder del Sistema**.

Ω

XII

LA PIRÁMIDE Y EL CUBO

"La naturaleza hace que los hombres nos parezcamos unos a otros y nos juntemos; la educación hace que seamos diferentes y que nos alejemos"

Confucio

Confucio, filósofo chino (551 a. C. - 479 a. C), fué un teórico social y creador de un sistema ético, más que religioso, el **Confucionismo**, que se sigue pregonando hasta nuestros días. Su pensamiento fue introducido en Europa por el jesuíta Matteo Ricci siendo sus principios una base para la práctica del bien, la sabiduría empírica y las propias relaciones sociales entre los seres humanos.

Educación es el proceso multidireccional mediante el cual se transmite al educando los conocimientos, valores, hábitos, costumbres y formas de actuar, con la finalidad de cumplir el rol que le corresponda en sociedad a cabalidad. La educación no sólo se produce a través de la palabra, sino demostrando con el propio comportamiento del educador; pues educar está presente en todas nuestras acciones, sentimientos y actitudes hacia los demás. La educación es un proceso de socialización formal de los individuos de una sociedad.

Así, a través de una correcta **educación** impartida, las nuevas generaciones asimilan y aprenden los conocimientos, normas de conducta, modos de ser y formas de ver el mundo de las generaciones anteriores, con el convencimiento, por parte del educando, de tener que cumplir de la misma manera con su descendencia cuando le corresponda.

El conocimiento es un conjunto de información almacenada en la memoria del educando por medio de la propia experiencia, el aprendizaje (mediante la recepción de lo transmitido por un educador o instructor), a través de la introspección (propias conclusiones, tras meditar), o como autodidacta (que, con la tecnología actual esta actividad se ha visto muy beneficiada). El conocimiento posee un menor valor cualitativo si es adquirido por sí solo; con la educación dirigida lo adquirido en conocimientos alcanza una mayor valoración.

El conocimiento es un proceso fundamental para el desarrollo de un país, sin embargo el acceso al mismo resulta restringido conforme se asciende en los niveles de educación adquiridos por la población. El poder adquirir un mayor conocimiento permite al ser humano ascender los peldaños en la **"pirámide social"** que se establece en todo sistema politico-social.

El sistema educativo adaptado por los países desarrollados dista mucho de lo que se hace en el resto de países; mientras más avanzado sea un país hay una mayor participación del estado en la educación. En los países avanzados el sistema educativo esta diseñado para que exista una educación en las masas poblacionales con propósitos muy claros en la conformación de la base **"cúbica"** laboral del país, que por tanto debe ser la más abundante. La **pirámide**, encima del **cubo**, mantiene un acceso limitado a los ciudadanos que, exclusívamente, logran educarse más a un nivel de college (que ocuparían los primeros peldaños) o universitario que les permite ascender en la pirámide a los niveles más altos, de acuerdo a su preparación, capacidad e intelecto. En los países desarrollados el control del sistema (mejor dicho, el **poder del sistema**) impide que se produzcan "favoritismos" para ocupar las posiciones en los peldaños. Ascienden y llegan a las posiciones más altas los ciudadanos más capaces; es imperiosa esta distribución política-social. He allí la esencia del poderio del sistema, he allí el fracaso del sistema que permita el "favoritismo".

En mi concepto, todo sistema político-social de cualquier país (desarrollado o no) se puede representar con una **<u>pirámide</u>** de base cuadrada implantada encima de un **<u>cubo</u>** paralelepípedo, como lo indico a continuación:

Figura (1)

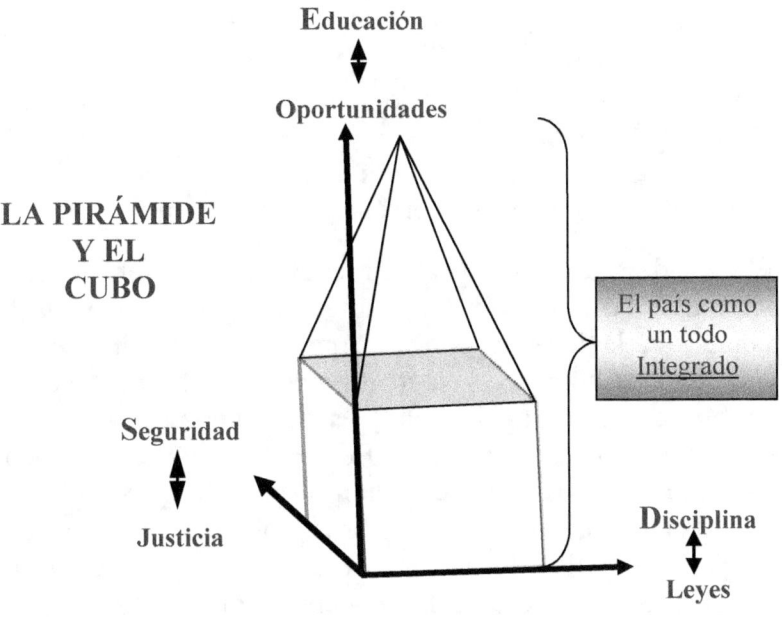

LA PIRÁMIDE Y EL CUBO

Educación

Oportunidades

El país como un todo Integrado

Seguridad

Justicia

Disciplina

Leyes

Figura (2)

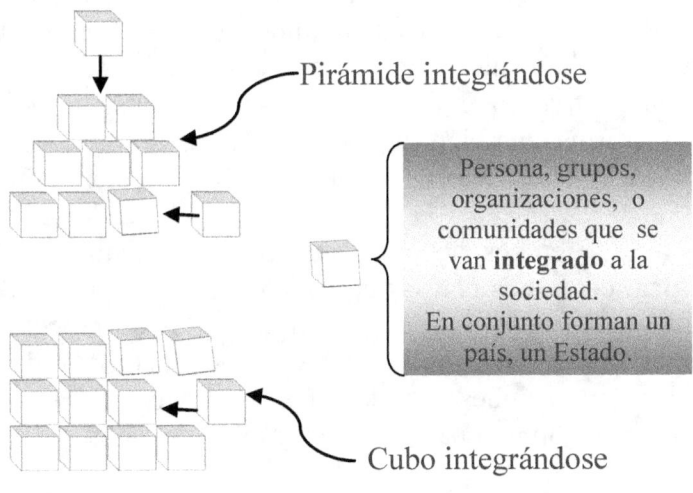

Pirámide integrándose

Persona, grupos, organizaciones, o comunidades que se van **integrado** a la sociedad.
En conjunto forman un país, un Estado.

Cubo integrándose

EL CUBO

La estructura humana es "cúbica" pues, así como el cubo, tiene tres tipos de planos o dimensiones, figura (3):

➤ profundidad (**S**), determinando una cara anterior y otra posterior;

➤ vertical (**E**), que establece una cara inferior y otra superior; y

➤ horizontal (**D**), con una cara derecha y otra izquierda

El considerar esta similitud estructural entre el ser humano y el cubo, una de las cinco figuras geométricas platónicas, se hace precísamente con la idea de poner en perspectiva meditativa el hecho de que, el ser humano es la creatura perfecta, al igual que el cubo es la figura geométrica perfecta y esencial en la estructura de la verdad, el orden y el plano físico. El cubo es uno de los cinco sólidos platónicos, así llamados en honor al filósofo griego Platón (428 a.C. - 347 a.C.), a quien se atribuye haberlos estudiado en primera instancia. Históricamente, desde el punto de vista filosófico, el cubo representa a la conceptuación de la tierra, el cubo es la expresión de lo que ha nacido de la naturaleza, por lo tanto lo es también del ser humano.

Esto, por lo que corresponde a la filosofía; en la anatomía y en la biología también nos encontramos con una realidad, pues tanto la célula humana como la de las plantas y otros animales contiene una estructura cúbica, con sus tres dimensiones o planos; podriamos afirmar también que las estructuras arquitectónicas por antonomasia, y las físicas y quimicas, generalmente, se basan en cubos.

En los tiempos actuales, en que ya se habla de la **era tecnológica**, contamos con las aplicaciones de cubos **OLAP** (On-Line Analytical Processing, acrónimo en inglés de procesamiento analítico en línea). Un **cubo OLAP** es una estructura de datos que supera las limitaciones de las bases de datos relacionales tradicionales y proporciona un análisis rápido de datos.

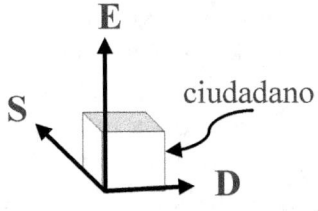

Figura (3)

Por todo esto es que me permito representar al ser humano, como cubo OLAP con fines didácticos, con la única finalidad de lograr una mejor compresión de lo que he venido expresando en los anteriores capítulos y en los párrafos que siguen. Las bases de datos expresadas en el cubo OLAP son bases de datos especializadas, multidimencionales, diseñadas para ayudar a extraer una información de inteligencia empresarial de los datos.

En la actualidad, en el mundo de las soluciones para negocios, una de las herramientas más utilizadas por las empresas son las aplicaciones OLAP ya que las mismas han sido creadas en función a bases de datos multidimensionales, que permiten procesar grandes volúmenes de información, en campos bien definidos, y con un acceso inmediato a los datos para su consulta y posterior análisis. Esta confluencia de la información permite llevar a cabo un análisis completo de diversas situaciones, para hallar las soluciones correctas a los problemas de los negocios. Una base de datos multidimensional puede contener varios cubos o vectores que extenderán las posibilidades del sistema OLAP con el cual se trabaja.

Cuando un usuario profundiza en los datos en un cubo OLAP, puede obtener detalles analizando los datos globales de todo el cubo o específicos, entrando en detalles por niveles, por grupos o por elementos. El nivel de detalle de los datos del cubo OLAP, cambia en función de la obtención de detalle aplicada por el usuario para examinar los datos a distintos niveles en la jerarquía.

Me permito dar un ejemplo de obtención de detalles con cubos OLAP, aplicables al "**cubo y la pirámide**" de mi posición:

- Obtención de detalles de la información demográfica sobre la población del Perú, a continuación, de la Región Lima, a continuación, del área metropolitana de Lima, a continuación, del distrito de Lince, luego de la población de la urbanización San Eugenio y finalmente de un determinado ciudadano, como componente e integrado a la sociedad. La tecnología moderna nos lo permite.

En retrospectiva he usado estos alcances de OLAP a fin de llegar a la compresión de cómo se integraría un ser humano dentro del cubo y la pirámide político-social que se describe.

Cada miembro de una sociedad, de una nación debería percibir o sentirse satisfecho de que su gobierno, su Estado, sus autoridades, han cumplido con sus obligaciones para con él al habérselele permitido alcanzar sus metas trazadas; si esto se cumpliera así, podemos afirmar entonces que el Estado, ha satisfecho la **SED** de sus ciudadanos en toda su amplitud.

Como ya se ha descrito en capítulos anteriores, el ser humano, por siempre, ha intentado integrarse en grupos en búsqueda de su **seguridad (S),** para adquirir un mayor conocimiento, aprendiendo de otros (**educación -E-**) y así estar más capacitado a fin de poder superarse, pero sometiéndose voluntariamente a un orden jerárquico, a una **disciplina (D)**, indispensable para su subsistencia en sociedad.

Estos tres elementos (SED), conforman los tres vectores en la estructura "cúbica-piramidal" que he dado al concepto principal, motivo de este proyecto. El proceso de la integración socio-política del ser humano sucede por etapas y para completarlas el ciudadano debe perseguir los tres objetivos siguientes:

1. en una primera instancia el ser humano requiere reconocerse a sí mismo como tal: ser humano racional con necesidades SED;
2. luego entender que tiene que convivir en armonía con otros seres humanos en la sociedad de la que forma parte; y

3. por último, comprender que tiene la obligación moral de participar de la vida política de su país, comprometiéndose a integrarse con el resto de la población en el proceso de completar la integración nacional y así llegar a lograr la identidad nacional, tan indispensable para obtener el orden social, la paz social, el bienestal común y contribuir de esta manera al progreso de la nación.

Una vez completado sus tres objetivos, el ciudadano, el "cubo", se integrará a otros "cubos" formando grupos, corporaciones, instituciones, comunidades, organizaciones o cualquier otra forma de asociasión, pues su condición de ser humano así se lo exige, tal y como hemos venido enunciando a través de lo escrito hasta ahora. Como la lógica lo indica, este proceso de integración social se completará llegando a determinar una estructura cúbica poblacional, que constituye la gran base de una nación organizada, donde intervienen millones de pobladores de un país, cada uno con sus propias características, cualidades y capacidades, incluyendo sus defectos y males pero orientados hacia un fin común, el bienestar de todos.

El **Cubo Poblacional** que se forma por la integración de sus componentes "cúbicos", los ciudadanos del país, se vería así:

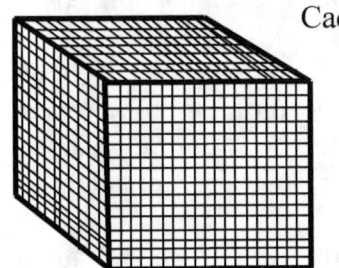

Cada ciudadano se relaciona con el otro de su entorno y éste con el siguiente y así se va integrando el cubo, idealmente sólido, que servirá de base a la pirámide.

Cada ciudadano que integra el gran cubo es consciente que así forma parte de un sistema en el que se ha establecido un orden en el que impera la **ley**, que vive en paz, libertad, seguridad y en democracia con **justicia** y que cuenta con las **oportunidades** para alcanzar sus metas.

Los aspectos señalados anteriormente, tanto lo que se refiere a la autoconcienciación de la persona y su completa integración con los demás, serán facilitados por la estrecha relación que debe existir entre el Estado y el pueblo, lo cual determinaría una estructura poblacional perfecta. Se tiene así el establecimiento de una jerarquía de mando, de un poder en la toma de decisiones; donde los ciudadanos por rangos y de acuerdo a las capacidades adquiridas por la oportunidad que tuvieron de lograrlo, adquieren el derecho de posicionarse en el lugar que le corresponda.

Siguiendo la misma retórica virtual donde represento en la gráfica previa el proceso de integración humana, dentro de una sociedad, de como se formaría el "**cubo**", la "**pirámide**" seguiría un proceso similar. Cada ciudadano, un "cubo" (figura 3), una vez logrado sus tres objetivos, pues el Estado lo apoyó con satisfacerle su SED, se va integrando con otros ciudadanos de su entorno con las mismas perspectivas y se logra edificar el "cubo" y la "pirámide" poblacional (1).

LA PIRÁMIDE

En este punto, reintero lo expresado por Confucio cuyo párrafo, anotado al inicio del presente capítulo, lo incluyo nuevamente: *"La naturaleza hace que los hombres nos parezcamos unos a otros y nos juntemos; la **educación** hace que seamos diferentes y que nos alejemos"*.

Al igual de lo manifestado en la conformación del "cubo" párrafos arriba, la "pirámide" también seguiría un proceso similar; los "cubos humanos" se van integrando uno a uno, iniciándose el mismo en la cara o superficie superior del cubo, tomando a éste como base, veáse gráfica (2).

Emulando a Confucio podemos afirmar que el nivel de conocimientos adquiridos mediante la educación para aquellos que tuvimos la oportunidad de obtener y aprovecharla, nos diferencia de los que no aprovecharon la oportunidad o no se les presentó; y donde exista la oportunidad también de una fuente de trabajo, la diferencia se haría aún más notoria y nos alejaríamos aún más unos de otros. Puede existir la oportunidad para estudiar y las facilidades para hacerlo; pero si no existen fuentes de trabajo, el esfuerzo que haya realizado el ciudadano sería inútil, pues tendría que aceptar labores para los cuales quizás esté sobrecalificado, **desplazando** de esta manera a los menos preparados académicamente; es lo que acontece, en nuestros países pues no existe planificación educativa.

Por el contrario, en Estados Unidos, como en otros países desarrollados, el aprendisaje que se imparte en las escuelas de educación básica (doce grados) es planificado con la finalidad de que se imparta una educación para las masas poblacionales con propósitos muy claros en la conformación de la base laboral del país (nuestro cubo), que por tanto debe ser la más abundante. Se considera al conocimiento como un proceso fundamental para alcanzar el desarrollo de un país; sin embargo en los países más desarrollados el acceso a la educación resulta restringido conforme se asciende en los niveles de educación adquiridos por la población. En los Estados Unidos de América, por ejemplo, la educación básica (doce grados) es gratis, sin embargo la educación superior es un privilegio y por sus altísimos costos resulta inaccessible para la gran mayoría de la población.

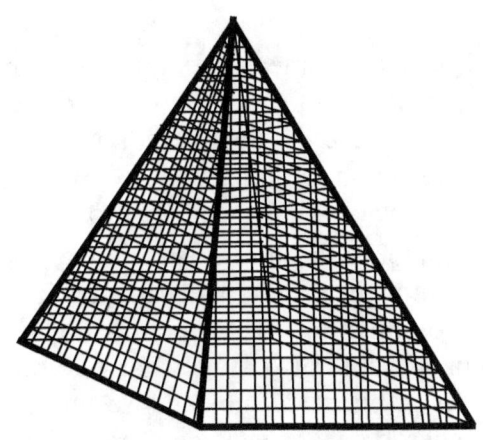

Esta sería la estructura de la pirámide integrada por los ciudadanos que han alcanzado su lugar en ella al haber aprovechado la oportunidad de alcanzar una **educación** que lo capacitó para ello.

Concluimos entonces que solo con una educación que forme parte de una planificada política social del gobierno y en la que el estado pone todo su esfuerzo para asegurar la seguridad y el orden del país, se llegará a alcanzar el nivel de una nación desarrollada en la que:

✓ habiendo satisfecho sus requerimientos de **Seguridad**, con *justicia* equitativa;

✓ haber contado con la adecuada **Educación**, anhelada como *oportunidad* para el progreso y bienestar; y

✓ habiéndose sometido a las *leyes* como medida de **Disciplina** que le permita convivir en paz y armonía con los demás;

solo sí se ha logrado esto, cada ser humano entra a formar parte del logro de la **Identidad Nacional** que determina un incremento en el nivel de desarrollo del país, mejorando el Estado sus índices de valoración internacional de acuerdo al nivel alcanzado.

INTEGRACIÓN DEL CUBO Y LA PIRÁMIDE

Ya hemos señalado anteriormente cómo, a nuestro parecer, se integra el ciudadano en el cubo y la pirámide; en el proceso, el nivel de educación alcanzado por el individuo es predominante para lograr su ubicación en el cubo o en la pirámide. Una educación básica coloca a la persona dentro del cubo, formando parte de la gran mayoría, la gran **masa laboral** (**-d-** en la figura que sigue) tan indispensable para mantener la maquinaria económica en movimiento. El conocimiento que adquiere el ciudadano a un nivel superior o universitario le permitirá salir del cubo y ascender a la pirámide, ubicándose en el peldaño que le corresponde de acuerdo a su capacitación profesional. Una persona más capacitada, más preparada académicamente lo llevará a un nivel más alto dentro de la escala político-social; alcanzaría por integrarse más fácilmente dentro de la pirámide.

Para lograr el máximo desarrollo la pirámide de base cuadrada debe sostenerse encima del cubo paralelepípedo, encajando perfectamente, como en la figura (1); pero sí el desarrollo no es completado, la pirámide se va a encontrar más o menos **"sumergida"** (-**c**- en la figura) en el cubo de acuerdo al nivel alcanzado.

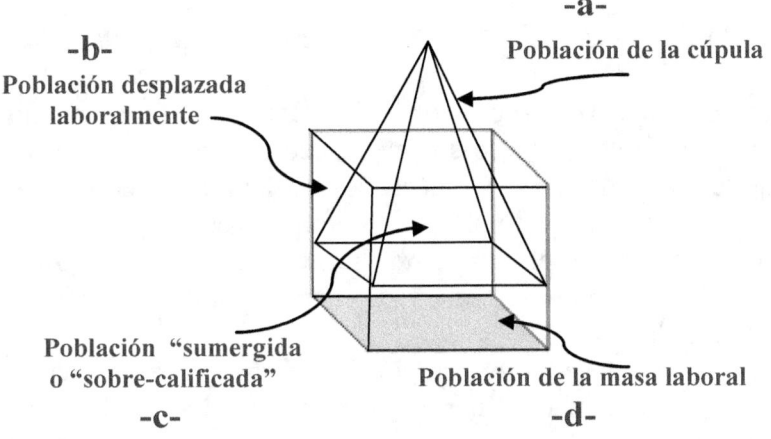

-a-
Población de la cúpula

-b-
Población desplazada laboralmente

Población "sumergida o "sobre-calificada"
-c-

Población de la masa laboral
-d-

Al encontrarse la *"pirámide"* sumergida en el *"cubo"*, parte de la población (que se representa -**b**- en la figura) y que conforma la masa laboral será desplazada, por la población de la "pirámide". Esta población desplazada engrosará las filas de los desocupados; para sobrevivir intentarán la informalidad y en el peor de los casos la ilegalidad, lo criminal, aumentando por lo tanto la inseguridad de la población. Desde el punto de vista laboral, la población de la "pirámide" sumergida, por haber alcanzado un título profesional y a pesar de estar laboralmente **"overqualifed"** o "sobre-calificada" para algún puesto disponible (-**c**- en la figura), es preferida por los empleadores sobre la población del "cubo", al contar con una mano de obra mejor preparada, capacitada y a bajo costo salarial.

Bajo esta perspectiva, todo país organizado como nación con una estructura de Estado, tiene la misma configuración de la pirámide y el cubo en su organización política-social. Los países llamados sudesarrollados tendrán a la pirámide muy sumergida en el cubo (por no ser un "cubo" solidificado), sobresaliendo solo el ápice piramidal en el que se encontraría la cúpula (-**a**- en la figura), del poder político (el gobierno), y luego, en descenso, el poder económico: los más acaudalados ciudadanos, los empresarios exitosos, junto con los profesionales con altos salarios.

Izquierda Capitalizada > < Izquierda Descapitalizada

En mi concepto, en los momentos actuales y como devenir de los acontecimientos político-sociales y económicas acaecidos en el mundo en las últimas seis décadas, se han establecido dos formas extremas de sistemas político-socio-económicos que podemos enmarcar en el **concepto del Cubo y la Pirámide**. Coincidentemente ambos sistemas pertenecen a una ideología de extrema izquierda.

Para no entrar en polémica política, porque no es mi deseo, ni mi intención, y mucho menos mi campo; solo hago uso de mi libertad de expresión. A fin de no herir susceptibilidades ajenas no mencionaré nombres de países; emplearé mis gráficas para tratar de explicarme. Cada lector tomará en sí, su propia interpretación e identificará a los actores.

En un teórico primer sistema de **izquierda descapitalizada** a considerar, tendremos una pirámide completamente sumergida en el cubo, como lo puedo representar aquí:

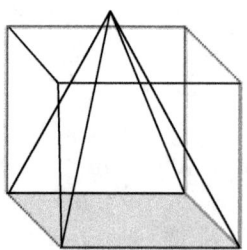

Con los mismos elementos de la figura anterior, pero la pirámide se encuentra completamente inmersa en el cubo. Esto es la característica de una población aparentemente muy culta, pues la gran mayoría ha completado estudios superiores, pero la oferta de ello es muy superior a la demanda de empleo. El sistema completo asume la atención de las necesidades de toda la población. Todos los pobladores tienen acceso a servicios básicos elementales por igual, subvencionados por el Estado, pero sometidos a ración, bajo un estricto control estatal; no hay posibilidad de riqueza individual.

El exceso de los profesionales creados serán utilizados para ofrecer "servicios de apoyo" a otros países, de su entorno ideológico. Los profesionales que laboran en el país no tienen ninguna posibilidad de poder salir del "cubo" pues reciben ínfimos salarios, y su máxima responsabilidad es "servir al pueblo". No existe ejercicio privado de una profesión. No hay producción, no desarrollo, ni progreso económico. El país requiere del apoyo internacional; si este no llega, la nación colapsa. Es una economía de **"izquierda" descapitalizada**.

En el segundo sistema supuesto, tendremos una estructura como la que sigue, con un cubo sólido de base, pero con una pirámide muy pequeña encima:

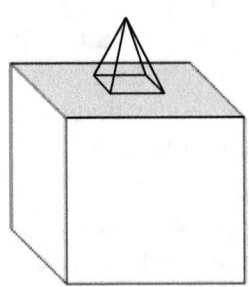

La pequeña pirámide representa a la **cúpula de gobierno** y el poder total. El resto de la pirámide no existe, correspondería a la parte inferior de la pirámide de los países occidentales: la porción empresarial con todo su sistema de gastos ejecutivos costosos. En este sistema no se tienen gastos como: exclusivos clubes, jets privados, viajes de negocios, convenciones de ventas, gastos de representacion para los ejecutivos, altas comisiones por ventas o por cierres de negocios, presupuestos de publicidad, etc

Es este tipo de sociedad existe una élite gobernante, con todo el poder. Similar a la anterior en muchos aspectos, pero con una distribución muy planificada de la educación; se forman los profesionales y técnicos que se requieren y se envían al exterior solo a perfeccionarse, con el objetivo de retornar al país mejor preparados para "servir al pueblo" y con la esperanza de seguridad económica y social, para él y su familia. Similar a la anterior situación, la población es atendida en sus necesidades por el Estado, racionadamente.

El **cubo** se encuentra conformado por la inmensa mayoría de la población, tecnificada de acuerdo a la mano de obra necesaria para cumplir con sus propios requerimientos y con el compromiso industrial adquirido a raíz de los convenios comerciales y la inmensa inversión extranjera. Según datos recientes del FMI, siendo este sistema la segunda economía en el mundo actual, su población goza de un PBI muy desproporcionado a su crecimiento económico; se encuentra en el 82° puesto a nivel mundial. Si bien la mitad de su fuerza laboral (unos 800 millones de trabajadores) se desenvuelve en el campo, la producción agrícola representa sólo un 15% del PBI, mientras que la industria alcanza al 51% de su PBI.

Este modelo se ha convertido en un potencial económico insospechado que satisface las necesidades de mano de obra y de infraestructura industrial calificada y, sobretodo barata, para los capitales de inversionistas extranjeros que mandan a fabricar sus productos allí para colocarlos en el mercado internacional en forma ampliamente competitiva. A mi entender, este fenómeno ha sido parte de la crisis económica de las potencias económicas del mundo entero. Es una economía de **"izquierda" capitalizada**.

En los países occidentales, con el ánimo de competir en un mercado internacional cada vez mas globalizado, se han cerrado fábricas para mandar fabricar sus productos en el descrito sistema, provocando desempleo y crisis económica. La política se ha dejado de lado. La economía del mundo entero se encuentra cada vez más dependiente de este sistema. El benefico para el ser humano es notorio, por cuanto nunca antes una familia pobre o de clase media de cualquier pais del mundo habia tenido la oportunidad de tener de todo en sus hogares, a costo bajo: celulares, electrodomésticos, utensillos domésticos y de uso personal, ropa fina, computadores, vehículos, herramientas domésticas, cámaras fotográficas, artículos deportivos, etc. Globalmente, a nivel mundial, somos parte de una economía de **consumismo**, "con su mismo" fabricante. El dia que los fabricantes incrementen el precio de sus manufacturas, el costo de vida va a subir en todo el mundo.

Estos hechos confirman lo que hemos venido afirmando hasta ahora y nos demuestran que la educación bien orientada y planificada funciona. La educación es la base del progreso. Pero el progreso debe llegar a toda la población, equitativamente. Una distribución desproporcionada de lo logrado con el desarrollo, ocasiona una estructura también muy desproporcionada del cubo y la pirámide, como se ha descrito en el gráfico anterior.

Esta estructura político-socio-económico, tampoco es lo ideal a alcanzar en una sociedad civilizada en donde reine la libertad, la armonía, la paz y lo más sensato el bienestar. No se ha calmado la **SED de AMOR** de la población. Solo nos demuestra lo que puede alcanzar **El Poder del Sistema**.

ʊ

XIII

EL CUBO Y LA PIRÁMIDE EN EL PERÚ

De acuerdo a lo descrito hasta ahora y enfatizado en el capítulo anterior, nuestro querido Perú se encontraría como en la figura, con la "pirámide" sumergida en el "cubo". Críticos errores cometidos en la política social gubernamental han permitido tal configuración político-social del país. Hemos adquirido muy altas denominaciones en economía, con los respectivos reconocimientos y calificaciones por parte de organismos internacionales, pero en SED estamos desfalleciendo. La corrupción, la inseguridad, la falta de capacidad, de toma de decisiones y de voluntad aunados a la burocracia han determinado una total inoperancia del gobierno, y nos han configurado tal panorama. La desatención en la educación, la salud, la seguridad y el orden social mantiene hundida nuestra pirámide dentro del cubo.

Para aquellos que radicamos en el extranjero y hemos podimo comprobar el sistema imperante fuera de nuestro Perú, podemos afirmar que hay errores serios en la política social de los gobernantes de turno, sucedidos uno tras otro. A mi parecer el más grave error está en el sistema educativo del Perú; la dedicación a la docencia académica en los Estados Unidos de América me permite afirmar esto y lo trato de expresar en lo escrito en los párrafos del presente libro.

En forma alarmante y en complicidad abierta, el estado ha permitido el surgimiento de centros universitarios y técnicos sin previa valoración académica. Sin contar con la certificación adecuada, siguen funcionando, incumpliendo las normas legales establecidas; se forman profesionales y técnicos sin planificación, los mismos que al culminar sus estudios ingresan al mercado laboral conformando la mano de obra "sobrecalificada" y barata.

Esto es lo que hace "hundir" a la *"pirámide"* dentro del *"cubo"*; acentuando el problema del desorden social que lleva a la inseguridad general y al conflicto social, pues los que se sienten "desplazados" reaccionan contra la sociedad y tratan de "resolver" su impotencia cometiendo delitos; requieren satisfacer su SED; hay que mantener una familia.

La problemática que trataremos de afrontar con las ideas expresadas en este libro es de cómo solucionar la crisis económica, política, moral y social que viven nuestros países no desarrollados. En este intento, hemos estado explicando nuestro punto de vista sobre la solución al problema, comparando lo que hemos apreciado en nuestra vivencia en los Estados Unidos de América y lo que apreciamos en nuestro país de origen, Perú, que refleja lo que pasa en cualquier país en vias de desarrollo o no desarrollados, en el mundo entero.

La pobreza y la desigualdad socio-económica de la población no tiene característica propia de país, de región, de raza, ni forma de gobierno que rige una nación. Son los gobernantes los que con sus decisiones y sus políticas sociales adoptadas determinan el camino al desarrollo. Para lograrlo es que fueron elegidos o se encuentran en el poder.

A nuestro parecer, la base para iniciar el despegue hacia el desarrollo es el **ciudadano**, el *"cubo"*, el cual debe ser el objetivo principal del gobierno; el satisfacer su SED se hace prioritario. La planificación hacia el desarrollo tomada por un Estado responsable debe contemplar el prestar especial atención a la niñez, que constituye el futuro; el cambio debe iniciarse hoy, con nuestros niños desde el "kinder"; de esta manera se verá la respuesta favorable en las futuras generaciones de adultos. Los adultos de hoy son parte elemental de la educación de la niñez y pieza fundamental en el despegue social, debiendo modificar por completo su actual actitud; apegarse al orden, a la ley, con la completa seguridad de que el estado le proveerá sus derechos con justicia y equidad. Estado y ciudadano comprometidos en salir adelante, hacia el futuro del país, con una identidad nacional plena.

Lo Político

En la actualidad el Perú y América Latina están en una etapa de crisis política social por la predominancia de la violencia, la inseguridad ciudadana, los conflictos sociales, el desempleo, la informalidad, etc. Pero lo que impera es la corrupción, que a vista y paciencia de los que manejan el gobierno central compromete al entorno político que ellos controlan.

En nuestro querido Perú, los políticos han dezplazado de las primeras planas periodísticas, en papel o virtual, a la delincuencia común o a los crímenes corrientes. Basta con leer los diarios donde sus encabezados, muy lamentablemente, se refieren a los políticos no precisamente resaltando su labor sino su pésimo carácter moral, muy comprometidos con la corrupción o el favoritismo burocrático que llega incluso hasta al poder judicial. En la palestra noticiosa aparecen también algunos expresidentes de la nación compitiendo con los políticos actuales en actos de corrupción. Los mismos que pretenden volver a postular en haras de "lavarse la cara". Las actuales organizaciones criminales de **"cuello y corbata"**, superan en astucia a las pasadas de Al Capone y sus mafias.

Es el fenómeno político imperante en nuestros países, llegar al poder para **"jurar por la plata"**, como lo expresó un político electo por el pueblo al tomar posición de su cargo en el Congreso de la República. Pero lo más penoso de todo ello, es escuchar al votante, quien decide la elección de esta calidad de personajes políticos, cuando son preguntados el por qué votar por ellos la sorprendente respuesta es: "*...roba pero hace obras*", "*....voto por el menos malo*". No existe conciencia cívica; no hay identidad nacional.

Esto no hace más que reafirmar la gran indiferencia de los gobiernos de turno y la inercia del pueblo peruano, que trae como resultado lo que está sucediendo en nuestro país. Se han perdido los valores, siendo el gran culpable el mismo Estado por no solo permitirlo, sino enlodarse en los actos de corrupción dentro de los aparatos del Estado y que se ha expandido a nuestra sociedad con la pérdida total de los valores y de la identidad nacional.

Ante esta realidad, el Perú en latinoamérica disputa los últimos lugares en lógica matemática y en comprensión de lectura; pero sí somos primeros en tuberculosis, mortalidad materno-infantil, enfermedades infecto-contagiosas y en la aparición de enfermedades endémicas. Cómo podemos ser competitivos y excelentes en capacitación académica; cómo bajar en la escala de calificación de salud en riezgo si el Estado, a través de sus gobiernos regionales de turno o los entes de poder político no invierte en Educación, ni en los programas sociales que son temas primordiales en el avance hacia el desarrollo. Solo al momento de buzcar votos nuestros políticos hablan de soluciones; una vez en el poder pierden la memoria, se olvidan de su promesa electoral.

En la época actual, en el Perú como en cualquier otro país, el poblador rural haciendo uso del derecho que las leyes y la Constitución le permiten, exige "revocatorias" de las autoridades y funcionarios públicos, siendo los móviles para dicha revocatoria la ineficiencia, malversación de fondos, corrupción, clientelismo, nepotismo, etc. Esto no significa "ausencia del Estado" sino "presencia inadecuada" con funcionarios viciosos y corruptos, lo que incrementa la ineficacia de la estatalidad, no por falacia de la institución en sí misma sino por las autoridades que representan al estado. Se requiere una mejor capacitación del elector a fin de tener un mejor criterio al elegir a sus autoridades y una mayor conección con los centros de supervisión y control del funcionario público.

Se requiere cambiar por completo las estructuras actuales de elección de las autoridades públicas, representantes del gobierno, las cuales deberían constituirse en ejemplos de **buena conducta moral** y no ejemplos de "**delincuencia de corbata**".

La educación y el profesionalismo alcanzado gracias a ella, junto con la capacidad y experiencia, debería ser lo que prime en el criterio para la selección del candidato a funcionario público. Por eso, solamente los ciudadanos que alcanzaron un nivel dentro de la pirámide, por mérito propio, merecen ser los elegidos en forma democrática para gobernar al resto de la población.

Lo Social

Está claro que la **pobreza** es una situación compleja y multidimensional. Por eso existen múltiples definiciones y maneras de medirla. Desde un concepto más general se puede sostener que la pobreza es la privación material y se mide por el nivel del ingreso o el consumo del individuo o la familia. Y de acuerdo a los distintos ingresos hasta se puede escalonar el grado de pobreza si satisfacen o no las necesidades básicas: alimentación, techo y vestido. Adicionalmente existe la definición de pobreza general o relativa, que es la falta de ingreso necesario para satisfacer tanto las necesidades alimentarias básicas como las necesidades no alimentarias básicas (vestido, educación, salud, agua y desague, energía y vivienda, entre otras).

Así, la pobreza también puede ser percibida como la carencia de las capacidades humanas básicas que se manifiestan en problemas tales como analfabetismo, malnutrición, mala salud materna e infantil y padecimientos por enfermedades prevenibles, entre otros males evitables. Esta perspectiva no hace foco en lo que la gente tiene o no tiene sino en lo que la gente puede o no puede hacer.

El enfoque que mundialmente más se acepta es el de incorporar otras dimensiones de la pobreza, similar al método de las **Necesidades Básicas Insatisfechas**. El mismo consiste en seleccionar un conjunto de necesidades básicas y calificar como **pobres** a aquellos hogares que no satisfagan una de ellas, y como **pobres extremos** aquellos que no satisfagan más de una de ellas.

El área de Desarrollo Humano de las Naciones Unidas utiliza seis carencias básicas para medir esa situación:
1) La carencia de una vivienda adecuada.

2) La carencia de servicios básicos de agua corriente y cloacas.

3) El ausentismo escolar en menores de entre 7 y 12 años.

4) La vida en condiciones de hacinamiento crítico (más de tres personas por cuarto).

5) Una escolaridad muy baja del jefe del hogar (menos de tres grados de escolaridad).

6) Una alta dependencia económica (más de tres personas por cada persona ocupada).

Por eso los expertos recomiendan combatir la pobreza llevando a cabo acciones por lo menos en tres áreas:

I) Promover oportunidades materiales propiciando el crecimiento económico, la creación de trabajos, escuelas, crédito, servicios de agua y cloacas, salud y educación.

II) Facilitar el empoderamiento de los servicios del Estado por parte de las personas, fortaleciendo su participación y haciendo que las instituciones estatales sean más accesibles y rindan cuentas a ellos.

III) Mejorar la calidad de vida integral para reducir la vulnerabilidad ante enfermedades, ajustes económicos y desastres naturales (inundaciones y temporales, en este caso).

El Estado debe velar por una sociedad más cohesiva, sensibilizando a la población sobre las ventajas para todos de una sociedad en la que se logre erradicar la pobreza, se permita la distribución justa y no se margine a nadie. Debe fomentar una sociedad que apoye y desarrolle la calidad de vida, incluida la calidad de las cualificaciones y del empleo con acceso a un mejor nivel de educación, el bienestar social, incluido el bienestar de los niños y de las personas con discapacidades, con una adecuada prestación de salud y la igualdad de oportunidades para todos. Además, garantizará el desarrollo sostenible y la solidaridad entre distintas generaciones y dentro de la misma generación, así como la coherencia política con la acción del Estado en todo el país.

En las campiñas más alejadas de nuestros países existe un ciudadano con la capacidad y voluntad de salir adelante, pero la pobreza y la falta de apoyo gubernamental lo obliga a permanecer en su terruño pues tiene la obligación de continuar y mantener la idiosincracia y la "propiedad" ancestral de la tierra, su "identidad". Es un **capital intelectual** desatendido y a la vez desinformado de la realidad nacional.

El Estado debería promover la integración de ese capital intelectual al desarrollo socio-económico de nuestra sociedad. Consideramos que para lograr ello se requiere la interacción de la educación con la salud, manteniendo a la población con una información actualizada y, en todo momento, en un ordenamiento social adecuado, evitando la migración del individuo a las grandes ciudades.

Como una visión general al logro que el estado debe establecerse como meta a fin de lograr una integración adecuada de ese "capital intelectual" consideramos que se deben trazar tres posibles objetivos:

1. Capacitar al individuo en su lugar de origen, en carreras que satisfagan las necesidades de su región, logrando su integración al desarrollo local y general.

2. Establecer como carreras básicas la de Asistente Médico y Promotor Educativo, dos elementos indispensables en el círculo funcional de una prestación de salud y educación prioritaria.

3. Implementar el acceso a la tecnología de vanguardia necesaria, índice de crecimiento de los países en franco desarrollo, tanto en educación y capacitación como en el campo de la salud.

El ciudadano que se queda en su lugar de origen no progresa, no se educa, no se mantiene informado, es pieza fácil de las enfermedades y fallece antes de tiempo por falta de la atención adecuada. Se pierde un potencial humano, un capital intelectual que no se aprovecha en el desarrollo de su comunidad; o, lo que es aún peor, es captado por ideologías erróneas y se le capacita para enfrentar al sistema legal, comprometiendo aún más el desarrollo de su país. Surgen los conflictos sociales precisamente por la desinformación, falta de conocimiento y no uso adecuado del raciocinio que una persona instruida y bien informada logra.

La carencia en la satisfacción de sus necesidades básicas obliga al habitante rural a migrar hacia la urbe. El ciudadano que llega a las grandes ciudades se encuentra con muchas dificultades, mucha competencia y mayormente complica la situación, ya existente, de atraso, pobreza y desorden social. Se convierte en parte del problema. La frustración impera. Si llega a completar estudios (integrando la "pirámide", pero sumergida en el cubo), entra a competir con miles en su misma condición y termina buscando subsistir desempeñando labores para las cuales, seguramente, está sobre-calificado; muchas veces usa su talento en forma equívoca, delincuencial. Aumenta la frustración, se agrega el descontento y se produce una reacción de rechazo al sistema: nace el **Conflicto Social**.

El conflicto social debe ser entendido como un proceso complejo en el cual sectores de la sociedad, el Estado y las empresas perciben que sus objetivos, intereses, valores o necesidades son contradictorios y esa contradicción puede derivar en violencia. Se produce una alteración del **Orden Social**.

En una sociedad hay orden social cuando una buena parte de los actos individuales y grupales están coordinados y regulados con fines sociales. Para que esa coordinación y regulación de conductas se produzca, generalmente es necesario establecer diferenciaciones jerárquicas entre los integrantes de la sociedad, vale decir, establecer relaciones políticas, de mando y obediencia, que revelen el orden imperante.

En sociedades muy avanzadas, la participación activa de los ciudadanos acentúa el carácter bidireccional y recíproco de la relación política y atenúa su carácter de subordinación, pero en la mayoría de los casos, el orden social es generado por el establecimiento de relaciones políticas de mando y obediencia, que evidencian la existencia de un poder, en nombre de una finalidad social: la convivencia armónica entre los hombres.

En las décadas de los '80 y '90, latinoamerica sufre la invasión de ideas socialistas foráneas, que tuvieron su auge y su declive lógico. Sin embargo, estas ideologías lograron obtener mucha influencia en nuestras comunidades que persisten hasta ahora, siendo la principal causa de los diferentes conflictos sociales surgidos y han transcurrido 4 décadas: esas ideas se transmitian y se siguen propalando mediante lo que ellos llaman "escuelas populares" donde se imparten ideologías y pensamientos ajenos a la realidad del país. En el Perú ahora tenemos generaciones de "líderes" formados por esa "currícula" y siguen secuestrando niños que pretenden convertirlos en nuevas generaciones con una ideología equivocada y dañina al país, la EDUCACIÓN funciona.

Lo Estatal

El Estado debe trabajar con responsabilidad y firmeza en la construcción de prácticas educativas orientadas por una perspectiva intercultural; la globalización así lo implica. La globalización involucra transformaciones muy profundas en los ámbitos económico, político, social y cultural. Por ello, la educación debe ofrecer al educando situaciones diversas que le permitan comprender el mundo a partir de distintas formas de entender la realidad, para que puedan reflexionar sobre su propio contexto y sobre otras realidades que pueden estar o no a su alcance. Es decir, lo que se persigue es también la exploración de lo desconocido, de lo diferente, de lo alternativo, de lo sugerente, de lo contrastable. La promoción del diálogo entre saberes requiere partir de un reconocimiento de lo propio y también aprender a integrar distintos tipos de conocimientos que otros grupos humanos han producido, producen, crean y recrean en sus experiencias históricas.

La política social del gobierno peruano se ha fijado como visión el de dar continuidad a las políticas macro-económicas y mantener las altas tasas de crecimiento obtenido, con énfasis en el mejoramiento de la equidad. Apunta a proporcionar igualdad de acceso a los servicios básicos, empleo y seguridad social; reducir la pobreza extrema; prevenir conflictos sociales; mejorar la supervisión de los daños potenciales al medio ambiente; y llevar a cabo una reconexión con el Perú rural mediante una extensa agenda de inclusión.

La **accesibilidad** debe permitir, aún al ciudadano común que vive en las zonas rurales más alejadas, disfrutar de los derechos fundamentales (educación, salud, información y seguridad social) que la Constitución le confiere y el Estado, como ente regulador, está obligado a proveer.

Todo proyecto social debe estar encaminado para lograr el desarrollo y ordenamiento social de los pueblos tomando como punto de partida la comunidad, sin mediar distancia geográfica, utilizando herramientas informáticas de última generación acorde al avance y a los alcances de la tecnología actual. El Estado debe adquirir el compromiso de lograr la accesibilidad a todos los ámbitos del Perú como una alternativa de solución a cuatro problemas álgidos con una profunda significancia en el desarrollo de cualquier país: la educación, la salud, la información y la seguridad.

A nuestro parecer, el Estado Peruano debe establecerse cuatro premisas:

1. Una población educada, sana, informada y segura está capacitada para enfrentar el futuro.
2. El desarrollo de un país depende del desarrollo de su gente.
3. El uso de la tecnología moderna permite la unión entre gobierno, academia y sociedad con salud y es en beneficio de todos.
4. Es menester establecer una perspectiva nueva: llevar el progreso hacia el individuo y no que el individuo migre en busca del progreso.

ʊ

XIV

ESTADO Y SED

Hasta el momento hemos tratado de exponer nuestra modesta opinión respecto a la problemática y la búsqueda de soluciones en la que se encuentran encaminados nuestros países "subdesarrollados" en el complejo camino que les toca enmendar y planificar a sus gobernantes, para alcanzar el ansiado desarrollo socio-económico. Mediante el uso de los diagramas de Veen tratamos de explicar nuestro concepto de SED como problemática y del "cubo y la pirámide" como estructura funcional y de alternativa para la solución; por lo que comprendemos a SED como parámetros estructurales del "cubo y de la pirámide". Asimismo consideramos también en nuestras reflecciones los conceptos de Identidad Nacional e Integración Social como elementos necesarios a ser incluídos en el proceso de concientización tanto del ser humano como un ciudadano del país y del estado, como estructura humana que gobierna al país, integrado por los gobernantes como entes políticos responsable del bienestar de la nación.

Hemos visto en nuestro meditar cómo el proceso de globalización adoptado a nivel mundial ha alterado la dinámica socio-económica de las naciones habiendo sido afectadas en mayor o menor grado, de acuerdo a la dependencia de cada nación tanto de la influencia económica externa como de la riqueza producto de sus propios recursos naturales.

Los países con más recursos naturales y menos influencia del soporte económico "humanitario" extranjero han crecido positivamente (el soporte económico proviene, principalmente, de inversiones extranjeras); en cambio las naciones menos "ricas" en recursos naturales han sufrido negativamente la globalización (predominantemente, el soporte económico del extranjero es de proceder "humanitario"). Esta situación ha creado un panorama, que a mi parecer, nos presenta a países que antes eran ricos, lo son más ahora; y los que eran pobres, ahora son más pobres aún.

El mismo fenómeno se ha presentado, en mi opinión, en mi país el Perú: los ricos de antes lo son más ahora y los que eran pobres ahora son más numerosos y hay muchos más en extrema pobreza; se ha visto incrementada la "brecha socio-económica". Esto no hace sino confirmar la urgente necesidad de hacer llegar una información adecuada y real al poblador más alejado y estimularlo para que despierte de su "letargo" y se levante de su "banco de oro"; se eduque, se capacite y explote los recursos que la tierra donde vive tan generosamente le ofrece y le rinda frutos, por supuesto con el apoyo incondicional del Estado y trabajando en unión con su comunidad.

Estado y Ciudadano

Cuan cerradamente errados están quienes plantean que la vertiginosidad de lo moderno lleva al olvido del pasado, por lo que, según ellos, se vuelve necesario el **desprendimiento** de las herencias para abrazar el futuro, cerrando los ojos a un pasado histórico. En nuestros países, lamentablemente esta idea ha calado en muchos gobernantes y en los estados que, guiados por un eje económico a beneficio propio, se ven delimitados por decisiones políticas erradas, han llevando a su población hacia la pérdida irremediable de ciertos "valores nacionales".

Son el Estado y el ciudadano los que deben de desprenderse de vanos prejuicios (juicio u opinión preconcebida que muestra rechazo hacia un individuo, un grupo o una actitud social) y de los dañinos perjuicios (daño moral o material causado por una cosa, o un acto, en el valor de algo o en la salud, economía, bienestar o estimación moral de una persona y, en este caso, de una nación). El Estado debe motivar al ciudadano el mantener vivo en sus actitudes diarias sus propios valores y los valores de su país, su folklore, sus usos y costumbres; su **Identidad Nacional**.

Cuando hablamos de Identidad Nacional es imposible dejar de lado la cultura y viceversa, pues son categorías inseparables, guardan una estrecha interrelación, puesto que la identidad está sostenida por los repertorios o elementos culturales que la conforman y la construyen.

Podemos afirmar que la identidad nacional se enseña. Por mucho que la influencia de los medios de comunicación y de la educación no sea automática o mecánica, no se debe subestimar su importancia. Frente a las necesidades de la integración social surge la enorme importancia de una educación inclusiva y de unos medios de comunicación con una perspectiva regional y claramente abiertos a lo internacional, que acentúe el carácter latinoamericano y que no se entienda la identidad nacional como un mundo culturalmente cerrado y en oposición a otros.

Las correctas políticas de gobierno generaran efectos positivos sobre las dimensiones culturales y sociales de la nación, las que a su vez refuerzan y posibilitan la profundización de la identidad nacional y de la integración social. Si bien integración e identidad no son necesariamente dos fuerzas en oposición, ello depende de los niveles en que estemos hablando y la profundidad que asuman dichos procesos en el concepto de aplicación de reformas sociales que interponga el Estado con su política social.

La Identidad Nacional es el resultado positivo en la ciudadanía de ese fundamento político establecido por el Estado en un orden histórico que permite una integración de las diferencias reales que lo constituye y una legitimidad de su existencia histórica. La Identidad Nacional no es estática, corresponde a una constante y dinámica construcción social en actividad, a un constante movimiento de integración social. Es una elaboración histórica que sufre transformaciones sociales y modificaciones determinadas por las propias contingencias. Recibe influencias externas e internas, las que se procesan y asimilan de acuerdo a criterios y parámetros propios.

La **teoría de la integración social** nos demuestra que la falta de aceptación e interacción social positiva tiene consecuencias negativas en un individuo, la familia, la comunidad y la perspectiva social. Estudios de integración han demostrado el impacto positivo de la interacción humana en grupos aislados de la sociedad. La participación activa en los roles sociales ayuda a las personas a construir su autoestima, mejorar su bienestar físico y, lo más importante, crear un sentido de compromiso con la comunidad que les rodea, un sentido de identidad nacional.

A Emile Durkheim, sociólogo francés, se le acredita con la introducción de la teoría de la integración social en el siglo XIX. Integración social es el medio a través del cual las personas interactúan, conexionan y se validan entre sí dentro de una comunidad. La teoría propone que las personas experimentan beneficios mentales, emocionales y físicos cuando creen que están contribuyendo, como parte aceptada de un colectivo. Por el contrario, sin esa sensación de conexión, pueden experimentar depresión, aislamiento y enfermedad física que les podría limitar el experimentar una vida productiva y feliz. Según Durkheim, una inadecuada integración social puede estar vinculada a los riesgos de salud que provoca un aislamiento prolongado, incluyendo el suicidio y enfermedad mental o física.

En un estudio de la Universidad de Carnegie Mellon con Childrens Hospital y la Universidad de Pittsburgh School of Medicine, los científicos encontraron que las tasas de enfermedad disminuyeron en individuos que conviven en una red social compartida y atendida. La percepción individual de sus roles en la sociedad (como padre, esposo, familia, amigos) genera estados emocionales y mentales positivos. Una autopercepción positiva está vinculada a la producción de hormonas asociadas con la función inmune. El estudio también sugiere que múltiples roles sociales podrían también causar una exposición individual de impacto a modelos de salud e influencia positiva.

Hemos venido señalando la estrecha relación entre la integración social y la identidad nacional; en cuanto se hayan logrado ambos, se puede hablar de un **ordenamiento social** ya que, en un colectivo hay orden social cuando una buena parte de los actos individuales y grupales están coordinados y regulados con fines sociales. El **orden social** es generado por el establecimiento de relaciones políticas de mando y obediencia, que evidencian la existencia de un poder central, el Estado, en nombre de una finalidad social: la convivencia armónica entre los hombres.

El ordenamiento social moderno no se puede concebir sin la existencia del Estado, el cual es el responsable del control social aplicando un conjunto de prácticas, actitudes y valores destinados a mantener el orden establecido en las sociedades, regulado por la Constitución y las leyes que de ella se generan. El Estado gobierna las relaciones estado-sociedad: el fin propio y objetivo del Estado es el bien común, esto es, la satisfacción de las aspiraciones e intereses colectivos y permanentes de la comunidad, con equitativa justicia para todos. El Estado tiene como prioridad el satisfacer SED hacia los ciudadanos.

Para que exista un ordenamiento social pleno, la obediencia a las leyes, por parte de los ciudadanos, se ha de ver correspondida por una acción recíproca por parte del Estado, donde impere la equidad en la aplicación de la justicia, por parte del poder legislativo (emitiendo leyes justas) y el poder judicial (emitiendo sentencias justas). Es responsabilidad del gobierno central (como poder Ejecutivo) velar porque esto se cumpla.

Por lo tanto, es prioritario para el Estado, como ente regulador de la satisfacción de las necesidades básicas de la población, reconocer el derecho fundamental de las personas que se encuentran en situación de pobreza y exclusión social a vivir con dignidad y a desempeñar un papel activo en la sociedad. El Estado debe aumentar y promover el grado de sensibilización pública sobre la situación de las personas en estado de pobreza, en particular de los grupos o personas en situaciones vulnerables y, por lo tanto, debe promover con justicia social, su acceso efectivo a derechos sociales, económicos y culturales, así como a recursos suficientes y servicios de calidad en salud y educación. Entre los temas que en realidad interesan a la justicia social se encuentran la igualdad social, la igualdad de oportunidades, el estado de bienestar, la cuestión de la pobreza, la distribución de la renta, los derechos laborales y sindicales, etc.

La **pobreza** es la principal causa de la exclusión social. No se debe pretender combatir la pobreza creando más pobreza, se debe buscar redistribuir riqueza y no distribuir la pobreza. Se genera riqueza con una adecuada política económica que signifique promover la inversión privada, en el marco del respeto a los derechos fundamentales.

El Estado debe buscar ser transparente y eficiente promotor de la inversión privada, generando la mejora de la infraestructura con una optima prestación de servicios públicos principalmente en las áreas de salud, educación, seguridad y justicia.

Para la Unión Europea, en el marco del objetivo del reconocimiento de derechos de los pobres, se establece:

✓ el reconocimiento por parte de la gente de los derechos y las necesidades fundamentales de las personas en situación de pobreza;

✓ la modificación de los actuales estereotipos que se asocian con las personas que sufren situaciones de pobreza y de exclusión mediante campañas de información, reportajes en los medios de comunicación y financiación de proyectos en programas culturales generales;

✓ la ayuda a las personas que viven en la pobreza para que sean más autónomas, dándoles acceso a unos ingresos dignos y a servicios de interés general.

En cualquier país del mundo civilizado dentro de los objetivos para reducir la pobreza que se pueda trazar el gobierno de turno (el Estado), no se concretará sin cambios estructurales profundos. Nuestros países necesitan lograr un crecimiento económico real y sostenido que permita alcanzar aspectos vitales como la universalización de la educación, y accesibilidad a las tecnologías de la información y comunicación (TICs), asi como a servicios de salud dignos para reducir los altos índices de mortalidad materno-infantil.

Accesibilidad y Educación

La **accesibilidad** es el grado de facilidad en el que todas las personas puedan utilizar un bien, desplazarse o visitar un lugar o acceder a un servicio, independientemente de su localización geográfica, de su presencia física y/o sus capacidades técnicas, cognitivas o físicas. Es indispensable e imprescindible contar con accesibilidad ya que se trata de una condición necesaria para la participación de todos los ciudadanos, independientemente de las limitaciones, en el desarrollo de la comunidad donde radiquen y en conjunto del crecimiento socio-económico positivo de una nación.

Así, la accesibilidad se refiere a la conectividad a los medios económicos, a la infraestructura, a los medios cognitivos y a la educación, con un acceso adecuado al cuidado de la salud, a la disponibilidad de las informaciones o hasta al grado "de posibilidad de utilización" de los recursos para una persona que tiene una deficiencia.

El Estado debe promover mediante la educación, la responsabilidad compartida y la participación ciudadana: aumentar la adhesión de la opinión pública a las políticas y acciones de inclusión social, insistiendo tanto en la responsabilidad colectiva como individual en la lucha contra la pobreza y la exclusión social y la importancia de promover y respaldar las actividades voluntarias de los habitantes en la comunidad.

El Estado debe velar por una sociedad más cohesiva, sensibilizando a la población sobre las ventajas para todos de una sociedad en la que se erradique la pobreza, se permita la distribución justa y no se margine a nadie. Debe fomentar una sociedad que apoye y desarrolle la calidad de vida, incluida la calidad de las cualificaciones y del empleo con acceso a un mejor nivel de educación, el bienestar social, incluido el bienestar de los niños y de las personas con discapacidades, con una adecuada prestación de salud y la igualdad de oportunidades para todos.

El Estado debe garantizar el desarrollo sostenible y la solidaridad entre distintas generaciones y dentro de la misma generación, así como la coherencia política con la acción del Estado en todo el país.

No obstante los evidentes avances en el uso de la tecnología y el aprovechamiento de ello por los gobiernos a fin de proveer acceso a la mayoría de la población a nivel mundial, en el Perú esto todavía sigue siendo un privilegio para importantes sectores de la población: existe una **exclusión social digital**.

En la actualidad la Internet se ha convertido en lo que se denomina la **Sociedad de la Información**: las páginas web del sector público y privado con su contenido, la gran mayoria de uso gratuito en todo el mundo, se diseñan de manera que sean accesibles, a fin de que los ciudadanos aun con discapacidades puedan acceder a la información y al conocimiento aprovechando plenamente las posibilidades de la administración electrónica.

*"La introducción masiva de las TICs ha tenido grandes repercusiones en la economía y en las personas que contribuyen a generar riqueza, ya que la información y el conocimiento es una capacidad clave que sustenta una gran cantidad de actividades y servicios; este sector para la información y el conocimiento que en la mayor parte de los países desarrollados aporta una cuota de inversión muy significativa en relación con su PIB, se ha convertido en la mayoría de ellos, no sólo en un importante campo industrial, sino que de la propia gestión y explotación de sus recursos ha permitido nacer el **capital intelectual** donde se basa la nueva economía".*

(Informe OCDE 2001, París, Francia).

ʊ

XV

SED y CIUDADANO

La persona que permanece en la ignorancia, por siempre permanecerá en el subdesarrollo; pues solo con una educación inclusiva se puede salir de la ignorancia y avanzar hacia el desarrollo.

La cobardia y las indecisiones conducen al fracaso; el coraje y las decisiones llevan al éxito.

En el siglo XXI, frente a la convergencia digital de los medios de comunicación e información, la permanente innovación tecnológica es un evidente futuro que se vislumbra. Otro escenario teórico dentro del gran avance de la tecnología digital, que se ha generado en los últimos años, es el de su contextualización social dentro del nacimiento de la llamada **Sociedad de la Información y del Conocimiento** (SIC).

Entre los años setenta y ochenta del pasado siglo XX, para resaltar el valor estratégico y el enorme impacto social, económico, político y cultural de la información, Daniel Bell planteó el concepto *sociedad de la información*.

Daniel Bell (Nueva York, 1919 - 2011), catedrático de sociología de la Universidad de Harvard, fue sin duda uno de los sociólogos más influyentes de la segunda década del siglo XX. Pocos como Bell, estuvieron tan atentos al uso intensivo de las nuevas tecnologías y a las aceleradas transformaciones que se iban produciendo en la estructura social de las sociedades avanzadas. Daniel Bell señalaba: mientras que la imprenta "está en la base de la sociedad industrial, en la base de saber leer y de la educación de las masas", las telecomunicaciones y la informática dan sentido a la nueva escena histórica social, una Sociedad de la Información.

A principios de los años noventa se complementó de

repente este concepto con la noción de *sociedad del conocimiento,* y todo ello no sólo para reconocer la importancia social y económica que tiene la información para generar conocimiento, sino para que se supiera que era parte real de un valioso producto común que surgía de todas aquellas tecnologías o industrias, fueran culturales o no, dedicadas a la generación o transmisión del conocimiento en los países industrialmente avanzados y en algunos casos, en vías de desarrollo.

Actualmente las herramientas **TICs** o tecnologías de la información y comunicación se convierten sobre todo en los mecanismos esenciales para que el saber humano pueda generar, intercambiar, compartir o le permita hacerse conocer ampliamente ante el resto del mundo, dentro de una *sociedad de la información y conocimiento.*

Globalización y SED

En el ambiente económico mundial, la **globalización** es entendida como un proceso expansivo de liberalización del movimiento de capitales, de bienes y de servicios. En lo tecnológico la globalización depende de los avances en la conectividad humana (transporte y telecomunicaciones) facilitando la libre circulación de personas y la masificación de las TICs y el Internet

A nivel mundial, la globalización ha determinado cambios muy profundos en los países afectándolos de diferente manera, positiva y negativamente. Por ejemplo, en América Latina, muchos países han mejorado su economía notablemente alcanzando valoraciones de los estándares internacionales aún por encima de países europeos. Pero, de acuerdo a diferentes fuentes, América Latina ha fracasado en sus intentos de reducir la desigualdad en los ingresos de su población, teniendo la desafortunada distinción de ser una de las regiones con los más altos niveles de desigualdad de los ingresos en el mundo.

La mayor proporción del ingreso total se encuentra en las manos del 10 por ciento de las familias más ricas de la región. Este grupo recibe más del 30 por ciento del ingreso total en todos los países de América Latina. En contraste, el 40 por ciento de las viviendas más pobres reciben entre el 9 por ciento y el 15 por ciento del ingreso total en la mayoría de los países de la región.

En el caso del Perú, desde inicio de los 90' se adoptó un modelo de desarrollo basado en la competencia que pretende que la actividad económica en el país sea regulada por los mercados. El ingreso per cápita de los peruanos ha mejorado y también han empezado a disminuir los índices de pobreza, pero se mantienen desequilibrios o desigualdades en la distribución del ingreso.

Un fenómeno muy interesante como efecto de la globalización y que ocurre a nivel mundial, se ve reflejado en las regiones interiores de nuestros países, de tal manera que en los espacios regionales de cada país existen ciudades rectoras de cada región.

En el Perú, el proceso de globalización incorpora a Lima Metropolitana y principales ciudades que se han llegado a llamar macro regionales (Arequipa, Trujillo) y regionales (Chiclayo, Piura, Cajamarca, Huancayo, Cuzco, Iquitos, entre otras). Cada departamento-región tiene ciudades principales que influyen en los territorios aledaños. Lima y las metrópolis regionales son atractivas para inversiones, ligadas al sector de servicios y al sector industrial. En estas ciudades surgen múltiples centros comerciales e industriales especializados y grandes redes de actividades informacionales, industriales, comerciales y culturales, que generan alta densidad de actividades y flujos de capital e información.

Las ciudades consideradas como competitivas atraen la inversión extranjera en sectores de manufactura. Otras inversiones se orientan a la generación de negocios y la producción de bienes para exportar. En el Perú se invierte en ciudades con manufactura; también llegan capitales al sector financiero. En algunas regiones (como Ica), la inversión extranjera y nacional en agro-industria está alcanzando niveles impensables hasta hace algunos años.

Se observa también una clara tendencia, tanto de inversionistas extranjeros como nacionales, por invertir en centros de formación y educación, así como en áreas de investigación y desarrollo tecnológico.

Pero, paralelamente a este "milagro" financiero legal, ha surgido un incremento también muy notorio de la llamada **informalidad**, que combinado con el "visto bueno" de los funcionarios gubernamentales corruptos, ha producido lo que viene nombrándose como **desaceleramiento** del crecimiento económico. Un mal que se va acentuando aún más con la proliferación de los conflictos sociales malsanamente dirigidos y, lo que es peor aún, liderados por algunos funcionarios del gobierno. Basta con ver los diarios para corroborar esto. El panorama que se presenta a la inversión extranjera no puede ser más desalentador.

Evidencias de SED en el Perú

En los primeros cinco capítulos de nuestro libro se presentaron evidencias de **SED** tanto en composiciones, expresiones y poemas escritos por autores populares, así como también expuse las narrativas de hechos reales como *"Dionisia"* y *"Khausachun"*; acudimos también, gracias a la internet, a pegar referencias de organizaciones y personas expertas en tópicos afines a lo que intentamos de sostener con SED. Cada uno de los escritos que mencionamos en las páginas como referencias representarían lo que es SED como necesidad del ciudadano a ser satisfecha por el Estado.

El Perú y toda América Latina está en una etapa de crisis política social, lo que conlleva a graves deficiencias del sistema educativo básico y superior, lo que impacta en la educación con muy bajos niveles, así como en la salud y nutrición de nuestros pueblos. El conocimiento implícito persiste en las zonas rurales de nuestros países y en muchos aún en las zonas urbanas donde habitan poblaciones que rodean como un "cinturón de miseria" las grandes ciudades. Poblados que se han ido formando por las migraciones de ciudadanos que no encuentran en sus marginados hábitats de las zonas rurales la oportunidad que les brindaría una adecuada concientización y una educación inclusiva.

Las deficiencias del sistema educativo en el Perú nos ha llevado, a nivel latinoamericano, a posicionarnos entre los últimos en lógica matemática, penúltimos en compresión de lectura; pero sí somos primeros en tuberculosis, en la aparición de enfermedades endémicas y también en delincuencia e inseguridad ciudadana. Cómo podemos ser competitivos y excelentes si el Estado, a través de sus gobiernos de turno, no invierte en Educación, ni en los programas sociales que son temas transversales.

Aunque el gobierno peruano logró que el 94% de los niños tenga acceso a la educación primaria, el Programa de Evaluación Internacional de Estudiantes, más conocido como **PISA**, reveló que, al culminar el segundo grado de primaria apenas el 29% de los estudiantes de zonas urbanas comprende lo que lee y en zonas rurales lo hace solo el 12%.

Además, en las escuelas públicas a los estudiantes no se les ofrece oportunidades para desarrollar sus talentos; y si por desgracia tienen algún impedimento físico o psicológico, son personas con alguna discapacidad, el panorama es aún peor. A ello se suman las graves deficiencias del sistema educativo superior y la falta de acceso de los jóvenes a una educación universitaria de calidad, determinando que tengamos graduados de baja calificación académica, que a la corta o a la larga terminan por engrosar las filas de los desocupados o los subempleados "sobrecalificados", que terminan deplazando al resto de la masa laboral: mayor desocupación, mayor descontento, mayor frustración y, por lo tanto, mayor delincuencia, mayor inseguridad ciudadana.

Las diferencias de **escolarización** entre medio urbano y medio rural siguen siendo grandes. Las características físicas del acceso a la escuela y especialmente el alejamiento entre el centro docente y el domicilio son mencionados frecuentemente para explicar este desequilibrio. Es cierto que las situaciones de aislamiento nunca son tan graves en la ciudad como en las zonas rurales, pero en las ciudades aún persisten diferenciales de accesibilidad notables que pesan sobre la capacidad de los niños provenientes de hogares pobres y relegados en la periferia, "el cinturón de miseria", para asistir a clases.

La presencia física de una infraestructura escolar y la distancia para tener acceso a ello no constituyen evidentemente el único parámetro de calidad de servicio de la oferta educativa. La presencia o no de ciclos de enseñanza completos, la formación de los maestros y disponibilidad de ellos donde se les necesite, las infraestructuras accesibles y la disponibilidad de material didáctico son algunos de los factores que influyen en la percepción que tienen los padres de las escuelas y por ende de la educación de sus hijos y, correlativamente, del interés que pueden tener en enviarlos a estudiar.

Pero la menor o mayor distancia entre el domicilio y la escuela, y por consiguiente el tiempo más o menos largo requerido para este desplazamiento, también influyen potencialmente en la propensión a escolarizar a todos o parte de sus hijos. Por un lado, el tiempo del desplazamiento es un tiempo "muerto", que no puede dedicarse a otras actividades directa o indirectamente productivas: faenas domésticas, pequeñas actividades económicas, labores de pastoreo o agroindustriales en zonas rurales, etc. Por otro lado, el largo trayecto aumenta los riesgos de accidente, de agresión, es decir mayor exposición a una sociedad agresiva.

En el Perú, según el Informe FLAPE Perú, 2007, las **tasas de conclusión** *de la educación primaria y secundaria son otra evidencia de inequidad. Así, frente al acceso casi universal a la primaria, solo el 73% logra culminar el nivel en la edad normada, 11 a 13 años; pero las poblaciones rurales y las pobres extremas logran promedios bastante más bajos, 59 y 54 por ciento, respectivamente. Entre los demás, cerca del 19% llega a terminar su educación primaria pero con tres o cinco años de atraso. De ahí que los datos oficiales afirman que la conclusión de la primaria es casi universal,*

91%, pero se logra con algunos años de atraso.

*Los **índices de escolaridad**, son 9 los años promedio de escolaridad de la población peruana adulta joven (personas de 25 a 34 años de edad). Sin embargo, la diferencia es significativa si comparamos zonas urbanas y rurales. Mientras que en zonas urbanas se alcanza 10 años de escolaridad, en zonas rurales no se llega a 7. Los resultados son también dispares si analizamos a la población según nivel de pobreza: los no pobres alcanzan en promedio 10 años de escolaridad mientras que los pobres extremos llegan solo a 6.*

En el Perú no se ha habilitado el espacio para iniciar los diseños curriculares interculturales, recomendados por los especialistas, dada la diversidad cultural notoria que existe en las también diversas regiones y la dificultad geográfica que permita una accesibilidad adecuada; tan solo existe la posibilidad de la "diversificación curricular". El problema central parece residir en que no se han dado pautas claras sobre cómo proceder a realizarla:

*"Se estipuló que solo el 30% del currículo podía adecuarse a la realidad de la escuela y comunidad. La **diversificación quedó librada al juicio de los docentes de aula**, quienes no han recibido mayor preparación para llevarla adelante y la han interpretado basicamente como la incorporación de algunos elementos de la cultura local (danzas, tradiciones) y el uso de productos (generalmente plantas) de la zona para actividades y confección de juegos y materiales didácticos."*

(Informe FLAPE Perú, 2007)

Estos datos mantienen su vigencia a la fecha, a fines ya del 2014; la disposición y el acceso a los recursos de conocimiento tiene un alto impacto y contribuye a proveer a los tomadores de decisiones, información válida para el ejercicio de sus funciones;

promover la apropiación social del conocimiento; promover la cultura, las capacidades y las buenas prácticas de gestión del conocimiento y la información que den respuesta a las necesidades de una adecuada educación y accesibilidad a ella; favorecer el intercambio de información, técnicas de capacitación, herramientas y metodologías en el interior de la comunidad a favor del desarrollo y garantizar el acceso de la comunidad científica a la información sobre los temas de interés para la salud de la población.

Ciudadano como un Cubo

Podemos concluir entonces que el objetivo principal del Estado es promover los mecanismos para conocer, prevenir e intervenir con la persona como un ciudadano (nuestro "cubo"), que forma parte de un colectivo (nuestro "cubo y pirámide integrados" como nación), conformando familias y grupos sociales, dentro de sus comunidades, sean estas rurales o urbanas, especialmente si se encuentran en situación de riesgo social o exclusión.

La intervención del **Estado** como ente regulador, debe manifestarse en los siguientes aspectos:
1. Tomando al ciudadano (nuestro "cubo") como la base de cualquier plan de desarrollo social que se pretenda,
2. Considerar las necesidades primordiales del ciudadano, enmarcadas como lo hemos venido señalando en **SED**,
3. Saciar la SED de sus ciudadanos se debe convertir en su prioridad a fin de cumplir las metas trazadas hacia el desarrollo integral.

En el capítulo XII me atreví a considerar al ciudadano como un "cubo" OLAP, con fines didácticos; la única finalidad es la de lograr una mejor compresión de lo que se venía expresando en los anteriores capítulos y en los párrafos que siguieron.

Teniendo al ciudadano representado por un cubo puedo inferir las tres dimensiones espaciales que corresponden a toda estructura geométrica para lograr su máxima interpretación.

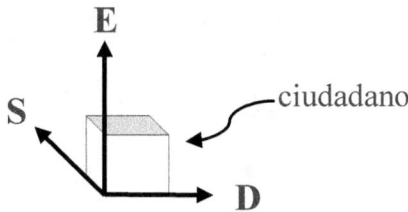

En la figura **S**, **E** y **D** son dimensiones que integran la estructura del cubo como planos para representar en forma tridimensional al ciudadano, pues así es, anatómicamente, como estamos constituidos como seres humanos; esta forma de representar nos permite dar "vida" al ciudadano dentro de lo que intentamos definir como "el cubo y la pirámide". El "cubo" humano es la base estructural esencial de lo que sería la estructura socio-política-económica que nos atrevemos a denominar la **Teoria del Cubo y la Pirámide**.

Tras meditar, expreso estas ideas considerando que el papel del Estado es satisfacer la SED del ciudadano y se cumple ello proporcionando la Seguridad, la Educación y la Disciplina. Una vez que el ciudadano ha satisfecho los tres elementos de SED, entonces se puede sentir capaz de integrarse, de adquirir identidad propia en primera instancia y luego, integrado a su sociedad, contribuir a que se adquiera una Identidad Nacional, mecanismo por el cual se alcanza el desarrollo anhelado propio, del país y del Estado.

Debemos dejar establecido que esto no se logra de la noche a la mañana. Se requiere el paso de generaciones para alcanzarlo; pero se tiene que iniciar ya y comprender en ello a las generaciones actuales, todos por igual tienen que estar comprometidos. La educación y la concientización de los niños en las aulas académicas y en el hogar por parte de los adultos es indispensable; pero no se libra al adulto y aún a los ancianos dentro del mismo proceso. El ser humano nunca termina de aprender, de adquirir conocimientos.

ʊ

XVI

SACIAR LA SED: EDUCACIÓN

Hemos venido sosteniendo que la **educación** es la base fundamental para alcanzar un conocimiento y que la educación es el eje de **SED**, a su vez la Educación es la base de la Disciplina y ésta es la base de la Seguridad.

El **conocimiento** humano es un proceso fundamental para el desarrollo de un país y el nivel de desarrollo alcanzado depende de la manera en que se establezca en la población la estructura del "cubo y la pirámide". El acceso a la "pirámide" es restringido y reservado solo para el ciudadano que lo emerite, y el mérito que se considera principal es el nivel de conocimientos alcanzado por la persona. Los niveles de educación y capacitación adquiridos por la población establecen su permanencia en el cubo o su ascenso a la pirámide y dentro de ésta su ascenso en los peldaños del poder, que es piramidal.

Mantenemos la idea de que el sistema educativo en los países industrializados se encuentra diseñado para que exista una educación orientada a mantener dentro de un "cubo" a las masas poblacionales con propósitos muy claros en la conformación y el mantenimiento constante de la base laboral del país, que por tanto debe ser la más abundante. El sistema socio-económico y político así conformado permite, asimismo, ascender y mantenerse dentro de la "pirámide" a los ciudadanos que se encuentren más capacitados, los profesionales, los mejor preparados, los más talentosos; constituyendo la "élite" que controla economicamente al país y que gobierna a todos. Pero en esta forma estructural de gobierno, todos los ciudadanos, con igualdad de opciones, tienen la misma **oportunidad** y la libertad de establecerse o, mejor dicho ubicarse, bien dentro del "cubo" o dentro de la "pirámide".

Es papel del Estado, como hemos insistido en señalar, que el conocimiento llegue al ciudadano. El conocimiento puede ser transmitido de un sujeto a otro mediante una comunicación formal, directa, se habla de **conocimiento explícito**. Se puede transmitir conocimiento explícito personalizado, con un docente en contacto directo con el educando o, en la actualidad y gracias a las TICs, se puede alcanzar un conocimiento explícito también por vía digital, mediante Internet.

Si el conocimiento es difícil de comunicar o hacer llegar al que lo necesite, al no tener acceso a ello la persona lo adquiere dentro de su entorno familiar. Este tipo de conocimiento se asimila por experiencias personales, por transmisión de legados culturales o de costumbre o a modelos mentales, transmitidos de padres a hijos, por generaciones. Estamos hablando de un **conocimiento implícito**.

A este punto de nuestra meditación podemos sostener que, ante el panorama desolador de nuestros países descrito en el capítulo anterior, ahora es el momento de ofrecer una alternativa de solución al mismo.

De pretender persistir en el sistema educativo arcaico que se emplea en nuestros países, se vería muy complicado poder avanzar hacia un desarrollo social sostenido. No se han tomado en cuenta perspectivas para superar las dos razones que entorpecen el desarrollo; y son, principalmente:

1. el no adaptarse a la modernización y
2. debido a la dificultad de acceso geográfico para las personas que hacen tanto de educadores como de educandos; las mismas condiciones que dificultan el correcto accionar del Estado.

Las condiciones económicas y tecnológicas están dadas favorablemente; es deficiente solamente la voluntad y la capacidad de los gobernantes para llevar a cabo medidas que nos lleven a alcanzar nuestras metas como ciudadanos con derechos. El Estado debe ofrecer como alternativa el empleo de las TICs a fin de lograr una **accesibilidad** universal a la educación para los ciudadanos y así acortar la "brecha digital geográfica y social" a que están expuestos actualmente.

TICs, una alternativa para saciar la SED

Las **tecnologías de la información y comunicación** (TICs) constituyen, hoy poy hoy, el núcleo central de una transformación multidimensional que en forma progresiva experimenta la economía y la sociedad en el mundo entero, convirtiéndose en una herramienta de gran importancia en todos los campos del conocimiento humano. Tal transformación produce en el ser humano, como ente social, un impacto tan transcendental en su forma de vida que tiende a modificar no sólo sus hábitos y patrones de conducta, sino, incluso, su forma de pensar; las personas han cambiado en su forma de trabajar, divertirse, relacionarse y hasta de aprender y cuidar su salud.

A pesar de que existe una gran "**brecha digital geográfica**" en los países denominados en desarrollo, las TICs han continuado desarrollándose para constituir hoy en día un insumo esencial en los sectores educativo y sanitario. Actualmente se cuentan con plataformas tecnológicas que pueden contribuir a romper la "brecha", mencionaremos algunas:

➢ Programas de video distribuidas por banda ancha con los que se preparan "objetos pedagógicos" que, coordinados con los currículos académicos establecidos, se pueden hacer llegar al estudiante, sin barreras geográficas.
➢ Aulas virtuales, donde el estudiante puede interactuar con el profesor y otros compañeros a distancia.
➢ Pizarrones interactivos.

Sin dejar de lado la importancia pedagógica del maestro en la formación del educando, las TICs constituyen un complemento fundamental para facilitar la asimilación del conocimiento, elevar el nivel de capacitación, alcanzar el acceso al maestro por internet, eliminar la distancia como obstáculo y, por lo tanto, disminuir la deserción escolar.

El **Internet** es la principal TIC a la que, a diario, estamos expuestos. El Internet es un mundo nuevo, sin reglas ni fronteras; los "malls digitales" vienen dezplazado a los arquitectónicos, a los bancos, agencias de gobierno, etc.; ahorrando gasolina, esperas en los cajeros y, sobretodo, tiempo. El ser humano, ante la necesidad de más información, más rápida, más instantánea, se convierte en *cibernauta*, haciendo uso de las "supercarreteras digitales", a fin de satisfacer muchas necesidades.

El estudiante actual se aburre ante un libro, le pierde interés a la educación formal y no encuentra qué hacer cuando las baterías de su dispositivo se han agotado. Se publica en medios electrónicos la nueva información antes que en los medios impresos (libros o periódicos). Libros (e-books) y revistas electrónicas (e-zines) se están convirtiendo en artículos de uso común entre todos los usuarios de Internet.

Lo cierto es que ahora los cibernautas consideran a las tecnologías de la información importantes en sus vidas, pues hacen la búsqueda de información fácil y económica, hacen mucho más eficientes y sencillos sus trabajos, sus estudios, sus diversiones, sus actividades y facilitan las telecomunicaciones.

La brecha que las TICs están abriendo entre aquellos con **accesibilidad** a éstas y quienes no lo tienen, genera un abismo cultural más grande entre países desarrollados y no desarrollados; entre pobres y ricos. El control de la información por parte de solo unos cuántos, crea un nuevo tipo de discriminación y desigualdad social: se ha creado una **brecha tecnológica**.

Las TICs, en especial, los ligados a las tecnologías digitales o informáticas multimedia como Internet, se presentan como uno de los más modernos procesos de actuación de los gobiernos del mundo entero, y para cuyo desarrollo apuestan, con el fin de alcanzar el deseado y prometido bienestar social y crecimiento económico de sus países. La capacidad para construir, divulgar y explotar conocimiento es cada vez más importante para conseguir una ventaja competitiva, generar riqueza y mejores niveles de vida.

En la actualidad se ha diversificado mucho el uso de las TICs, no solamente en el campo comercial, militar, gubernamental o industrial, sino en el sector empresarial, en la salud, la educación, el ocio y los propios hogares. Como vemos, las TICs han adquirido tal importancia que se considera que en este sector se concentran las mayores inversiones a escala mundial y hasta teorías de corrientes sociológicas consideran a las TICs como el elemento milagroso, catalizador a la solución de los problemas económicos sociales.

Esta nueva **revolución tecnológica** no solo ignora y supera las barreras del tiempo y del espacio ya que sus servicios están disponibles las 24 horas del día y en cualquier rincón del planeta, sino que también modifica las soluciones y relaciones entre ciudadanos y de éstos con las diferentes instituciones; su carácter interconectivo e interactivo bidireccional, permite la transmisión y generalización de ventajas y experiencias entre diferentes regiones y ambientes.

La bonanza creada por esta revolución se magnifica con el acceso libre a grandes bases de conocimientos en Universidades y Bibliotecas, la enseñanza a distancia, la colaboración desinteresada entre centros de investigación o el empleo de la Telemedicina. Son ejemplos del infinito universo de posibilidades que pueden brindar estas tecnologías y que hoy enaltecen la condición humana.

Lamentablemente, es contradictorio ver que actualmente, muchos proveedores de servicios satelitales tienen cubiertos sus canales con negocios tan lucrativos como televisión digital; sin embargo, ninguno pone tal infraestructura a disposición de servicios de corte social, aun cuando una pequeña explotación de estas tecnologías pudiese ofrecer una solución y abrir el camino hacia el desarrollo, contribuyendo además a salvar vidas humanas.

Poner a disposición del ciudadano las "supercarreteras tecnológicas", es por lo tanto de suma importancia como accionar del Estado a fin de que cambien las condiciones vigentes en la actualidad para sus ciudadanos.

Educación y Concienciación

El hecho de haber representado gráficamente a SED usando los diagramas de Venn, el cubo OLAP y la gráfica "el cubo y la pirámide", no ha tenido otro propósito que el de usar un medio práctico para, precisamente, ser gráficos y didácticos al tratar de argumentar nuestras ideas. De la misma manera, esto nos permite apoyar el concepto de que la educación necesariamente tiene que ir a la par con la **concienciación** del educando a fin de conseguir una plena identidad nacional.

En el Perú, según El Diseño Curricular Nacional de la Educación Básica Regular (EBR), estos son los propósitos educativos al 2021, orientados a la formación de una sólida identidad personal para lograr el desarrollo y consolidación de la identidad nacional, en una perspectiva de educación para el desarrollo humano:

✓ *"Desarrollo de la identidad personal, social y cultural en el marco de una sociedad democrática, intercultural y ética en el Perú"*;

✓ *"Preservar la lengua materna y promover su desarrollo y práctica"*;

✓ *"Comprensión y valoración del medio geográfico, la historia, el presente y el futuro de la humanidad mediante el desarrollo del pensamiento crítico"*; y,

✓ el *"Desarrollo de la capacidad productiva, innovadora y emprendedora como parte de la construcción del proyecto de vida de todo ciudadano"*.

Acoplar las palabras «educación» y «concienciación» tiende a evocar de inmediato el trabajo y el pensamiento de **Paulo Freire**, cuya contribución puede apreciarse de manera muy penetrante desde el campo del ministerio educativo.

El método de Paulo Freire

Paulo Freire diseñó y desarrolló su modelo educativo y su **filosofía de la educación** durante varios años de su vida con un compromiso activo y directo primero en el Brasil, su país natal y luego en Chile. Trabajó primero entre los pobres del ámbito rural en un programa de alfabetización y concienciación altamente exitoso que se pensó implementar en el Brasil.

El trabajo y el pensamiento de Paulo Freire continuaron desarrollándose en el contexto de su estadía en los Estados Unidos donde es acogido como profesor de la Universidad de Harvard, colaboró con los grupos dedicados a la reforma educativa en los ámbitos rurales y urbanos, como experto de la UNESCO. En 1970 se trasladó a Ginebra, como asesor educativo del Consejo Mundial de Iglesias (Oficina de Educación), y en el Institut d'Action Culturelle (IDAC). Ningún otro filósofo de la educación de primera línea ha estado jamás involucrado personalmente en una diversidad tan grande de proyectos.

Para Freire, la **metodología educativa** surge de la práctica social para volver, después de la reflexión, sobre la misma práctica y transformarla. De esta manera, la metodología está determinada por el contexto de lucha en que se ubica la práctica educativa: el marco de referencia está definido por lo histórico y no puede ser rígido ni universal, sino que tiene que ser construido por los hombres, en su calidad de sujetos cognoscentes, capaces de transformar su realidad.

La manera en que Freire concibe la metodología educativa quedan expresadas como las principales variables que sirven de coordenadas al proceso educativo como acto político y como acto de conocimiento; éstas son: la capacidad creativa y transformadora del hombre; la capacidad de asombro, que cualquier persona tiene, sin importar la posición que ocupe en la estructura social; la naturaleza social del acto de conocimiento y la dimensión histórica de éste.

Otras características del método de Freire son su movilidad y capacidad de inclusión. Por ser una pedagogía basada en la práctica, ésta está sometida constantemente al cambio, a la evolución dinámica y reformulación. Si el hombre es un ser inacabado, y este ser inacabado es el centro y motor de esta pedagogía, es obvio que el método tendrá que seguir su ritmo de dinamicidad y desarrollo como una constante reformulación.

La **concienciación**, según Freire, es un proceso de acción cultural a través del cual las mujeres y los hombres despiertan a la realidad de su situación sociocultural, avanzan más allá de las limitaciones y alienaciones a las que están sometidos, y se afirman a sí mismos como sujetos concientes y co-creadores de su futuro histórico (Freire, 1974). Además de tomar profunda conciencia de esa realidad sociocultural que moldea sus vidas para siempre, las personas verdaderamente comprenden la magnitud del potencial que tienen para transformar la realidad, y transformarse a sí mismas como parte de esa realidad. En otros términos, la concienciación implica mucho más que el mero hecho de «despertar» o «tomar» conciencia.

Para Freire, la **educación** es evento gnoseológico, ejercicio de la libertad, aproximación crítica a la realidad; esto es así porque el enfoque de Freire muestra críticamente la íntima relación y la armonía que deberían existir entre la práctica y la teoría educativa. Freire presenta de manera consistente y explícita las conexiones que existen entre los fundamentos filosóficos y los principios de la práctica educativa; además, interpreta la vinculación entre práctica y teoría no en términos de oposición o superioridad de la una sobre la otra, sino más bien como una asociación **dialéctica**.

Dialéctica, literalmente: *técnica de la conversación, de diálogo* y para que exista esto se requiere la intervención de por lo menos dos personas. Dialéctica es un método de razonamiento, de cuestionamiento y de interpretación, que ha recibido distintos significados a lo largo de la historia de la Filosofía.

Freire, educador por excelencia, ponía en práctica con cada intervención su concepto de la educación con concienciación; en un diálogo con campesinos se propuso llevarlo a cabo con preguntas y respuestas. Al terminar su elocución siguió un silencio profundo, desconcertante. Por fin uno de los campesinos, entre murmullos, se pronunció finalmente:

"Disculpe, señor, que estuviéramos hablando; usted es el que puede hablar porque es el que sabe, nosotros no."

"Muy bien – dijo Freire en respuesta *-, acepto que yo sé y ustedes no saben. De cualquier manera, quisiera proponerles un juego que, para que funcione bien, exige de nosotros lealtad absoluta. Voy a dividir el pizarrón en dos partes, y en ellas iré registrando, de mi lado y del lado de ustedes, los goles que meteremos, yo contra ustedes y ustedes contra mí. El juego consiste en que cada uno le pregunte algo al otro. Si el interrogado no sabe responder, es gol del que preguntó. Voy a empezar por hacerles una pregunta."*

En este punto, Freire había asumido el 'momento' del grupo, el clima se tornó más vivo que al empezar.

"Primera pregunta: ¿Qué significa la mayéutica socrática?"

Carcajada general y Freire registró su primer gol.

"Ahora les toca a ustedes hacerme una pregunta a mí" – dijo.

Hubo unos murmullos y uno de ellos lanzó la pregunta:

"¿Qué es la curva de nivel?"

Freire no supo responder y uno a uno fue registrado.

"¿Cuál es la importancia de Hegel en el pensamiento de Marx?"

Dos a uno.

"¿Para qué sirve el calado del suelo?"

Dos a dos.

"¿Qué es un verbo intransitivo?"

Tres a dos.

"¿Qué relación hay entre la curva de nivel y la erosión?"

Tres a tres.

"¿Qué significa epistemología?"

Cuatro a tres.
"¿Qué es abono verde?"
Cuatro a cuatro. Y así siguieron hasta llegar a diez a diez.

Se demuestra aquí el conocimiento implícito compartiendo con el conocimiento explícito. Freire sabía de manera sencilla y eficaz como desmontar la ideología implícita del poder humano y el poder de la ideología explícita transmitida mediante la educación inclusiva.

Freire nos dejó un método afirmativo, mapas rumbo a la creación de comunidades más dialogantes y horizontales, donde la diversidad florece en harmonía con la igualdad. Freire sigue y seguirá siendo rememorado por muchas generaciones: por su fuerza crítico-creativa, sus ideas y metodología seguirán siendo reactivadas, reproblematizadas y reinventadas en distintos lugares donde la desigualdad social es severa. Y, como hemos visto, sabemos que la desigualdad sigue creciendo en el mundo.

$$\Omega$$

CONCLUSIÓN

======================================

Con las ideas expresadas en el presente libro no pretendo llegar a conclusiones; por eso es que estos párrafos a seguir quieren manifestar lo que, coincidentemente, son los principios que definen el contecto de toda mi modesta obra escrita. Son principios y conclusiones de personas y grupos de personas con la experiencia y la capacidad necesaria para definirlos.

Con mis escritos aspiro solo el llegar al lector como un motivador o promotor, a fin de que se medite o se razone sobre los temas, párrafos o ideas impresas.

Eso sí, soy un convencido de que solo mediante la EDUCACIÓN o el proceso educativo adoptado por una nación se transmiten los valores fundamentales y se establecen las bases sólidas para la determinación y la preservación de una identidad personal, cultural, ciudadana y, por lo tanto, la Identidad Nacional.

La educación es la sólida base, además, de la formación y preparación de los recursos humanos necesarios para que una nación alcance su desarrollo. La escuela se convierte así en el lugar para la adquisición y difusión de los conocimientos relevantes y el medio para la multiplicación de las capacidades productivas del ciudadano: la intrucción. Pero la educación no se debe dejar solamente como responsabilidad de la escuela, pues en ella se proporciona la **instrucción** adaptada en forma curricular de acuerdo a lo determinado por la autoridad competente, el Estado y sus leyes, sus disposiciones.

De no existir la educación, no existiría todo lo que nos rodea, ya que Dios hizo al hombre con inteligencia, pero si no nos educamos nunca alcanzaríamos los logros, o las metas que nuestra inteligencia nos permite trazarnos; no evolucionaríamos, la ciencia no crecería, no existirían los modales, no existiría la tecnología actual, que a mi parecer ha establecido un antes y un después. Se puede establecer una nueva era en la existencia del ser humano, comparado al descubrimiento de la imprenta: una nueve era que bien podría denominarse como la **Era Teconológica**. Sin educación no gozaríamos por hoy de la magia del Internet, ni de las otras tecnologías que permiten que el mundo actual se mueva.

Se debe tener en cuenta que la educación es un proceso en el cual tanto la familia, la sociedad y la escuela intervienen. Cada uno cumple un papel importante en la formación de los estudiantes. A la escuela no debe de ponérsele obstáculos en el desarrollo de su labor y debe facilitársele un acompañamiento muy ligado tanto de la familia como de la sociedad en su principal labor que es Educar. Como en toda sociedad democrática es el Estado el ente regulador y administrador del eje escuela-familia-sociedad; entonces, se hace indispensable y obligatoria la presencia del Estado, para que el engranaje perfecto entre los tres elementos funcione.

Enfatizando que educar e instruir no son sinónimos se deja por establecido que la familia y la sociedad es la que Educa y la escuela solo Instruye.

Educación es desarrollar las facultades Intelectuales, físicas y morales del educando. Se educa con el ejemplo y la práctica de buenas costumbres, con una estrecha comunicación entre padres e hijos dentro de la familia y de ésta con la sociedad. La escuela al instruir solo está enseñando, informando y comunicando ideas o doctrinas al educando, preparándolo con conocimientos y prácticas de habilidades para enfrentar su futuro.

De esta manera, cuando la instrucción y la educación han sido bien orientadas se convierte en **formación**; pues educación e instrucción se sedimentan, se complementan y se interiorizan. Desafortunadamente, cuando no se tienen recursos o asistencia y apoyo estatal para educar, todo pasa a ser Instrucción.

Un ilustre peruano, **Jorge Basadre** Grohmann (Tacna, 12 de febrero de 1903 - † Lima, 29 de junio de 1980) fue un historiador e historiógrafo, asi como destacado educador peruano de la etapa republicana y contemporánea de su país. Fue además un crítico y estudioso de la literatura; un político que desempeñó importantes cargos públicos en el campo de la educación y la cultura, llegando a ser Ministro de Educación en dos oportunidades (en 1945, cerca de 4 meses, y en 1956-58); así como maestro y educador de varias generaciones.

Basadre dijo:

"No podemos, por cierto, curar con un solo trazo deficiencias arraigadas, satisfacer totalmente necesidades angustiosas o recuperar, en uno o dos años, o en unos cuantos años, el tiempo perdido o malgastado, o no integralmente empleado por generaciones anteriores, cuyos esfuerzos constructivos, por otra parte, no debemos ni podemos desconocer sino, por el contrario, necesitamos reconocer y honrar. Urge que podamos educar no sólo a niños, adolescentes y analfabetos adultos, sino también a nuestra opinión pública y a nuestras clases o sectores dirigentes y a estos últimos para que comprendan y se resignen a que los problemas educativos sean estudiados, confrontados y abordados técnicamente y en forma adecuada y a largo plazo".

Jorge Basadre
"Materiales para otra morada: Ensayos sobre temas de educación y cultura", (1960)

A pesar de haber transcurrido 50 años, lo expresado por Jorge Basadre aún perdura como una realidad; y no se ha hecho nada en el Perú para aplicar estas ideas en los planes de gobierno de los políticos de turno. Si hay algún esbozo para concretarlos, los proyectos surgidos de ello no se materializan a la fecha.

De las buenas intenciones esta lleno el cielo, más poblado aún se encuentra el infierno con los mentirosos.

Existe un Proyecto Educativo Nacional al 2021, que, en lo particular me llena de satisfacción su existencia. Nos corresponde a los peruanos creo yo, no solo exigir que se ejecute, sino intervenir como ciudadanos responsables de alguna manera, dentro de lo que nos corresponda y contribuir con lo que nuestras capacidades y talentos nos hayan permitido lograr en estos momentos de nuestra existencia.

En lo que a mi persona corresponde, el presente libro es mi modesto aporte a ello.

Por esto es que, este acápite he querido sea dedicado a transcribir autorizados párrafos, expresiones de personas entendidas y extractos del Proyecto Educativo Nacional al 2021, pues considero de suma importancia su contenido.

"Proyecto educativo nacional al 2021"

"La educación que queremos para el Perú"
Presentación al país
Propuesta del consejo nacional de educación
Noviembre de 2006

"Este documento ha sido elaborado por el consejo nacional de educación, luego de un intenso proceso de diálogos y consultas con la ciudadanía, en cumplimiento del mandato del artículo 81 de la ley general de educación, tomando como base las políticas acordadas en el acuerdo de gobernabilidad del foro del acuerdo nacional, en la ley general de educación 28044, en el plan de educación para todos, entre otros.

Este documento puede reproducirse en totalidad para su difusión y debate siempre y cuando se mencione la fuente, con la finalidad que toda la ciudadanía se informe sobre su contenido, y participe de manera comprometida en el enriquecimiento y aplicación de esta propuesta de mejora esencial de la educación peruana....."

"El Perú debe tener un Proyecto Educativo Nacional. Este es un mandato de la Ley General de Educación (artículo 7), un compromiso asumido por el Foro del Acuerdo Nacional (Pacto Social de Compromisos Recíprocos por la Educación, disposición

final) y una necesidad sentida por cuantos entienden y desean confrontar los desafíos del desarrollo del país y de sus ciudadanos.

En el marco de la ley, y en respuesta a las miles de personas y cientos de instituciones que han participado en el proceso de su elaboración a lo largo y ancho del país durante los últimos tres años, el Consejo Nacional de Educación (CNE) cumple con presentar a la nación y a sus autoridades la propuesta de "Proyecto Educativo Nacional al 2021". Corresponde ahora al gobierno y al Foro del Acuerdo Nacional determinar la ruta concreta que permitirá su puesta en marcha".

Extractos:

➢ *Es imperativo reconocer en primer lugar, como verdad fundamental, que la educación es un derecho individual y colectivo y que el ejercicio de ese derecho debe ser una experiencia de disfrute y de enriquecimiento de nuestra humanidad*

➢ *Los derechos a la vida y a la educación desde el nacimiento están plenamente garantizados para toda la infancia, a través de oportunidades diversas y de calidad para su óptimo desarrollo.*

➢ *La educación básica está universalizada y garantiza igualdad de oportunidades y resultados educativos a infantes, niños, niñas y jóvenes en todo el país.*

➢ *En todas las instituciones de educación básica, todos los estudiantes aprenden de manera efectiva y alcanzan las competencias que requieren para desarrollarse como personas, aportar al desarrollo humano y productivo del país y contribuir a la cohesión social, superando exclusiones y discriminaciones.*

➢ *El desarrollo será sostenible también por la capacidad para mantener los logros de bienestar que vayamos conquistando. Por ello, es preciso dotar a las personas de recursos y capacidades, de oportunidades de participación y de facultades para decidir. En suma, habilitarlas para gobernar sus existencias individuales y colectivas sin que ello atenúe el compromiso del estado con el bienestar de todos, sin exclusiones.*

➤ *Ser competitivo en nuestro país es considerar las potencialidades de nuestra diversidad cultural, así como de nuestros recursos naturales para su preservación a partir de una gestión eficiente [...] no es sólo un término con acepciones de índole económica, incluye tomar en cuenta el valor de las culturas que conforman el país.*

➤ *El rostro más visible de la necesaria equidad puede ser el acceso a servicios básicos [...] al mismo tiempo, sólo es factible hablar de equidad ahí donde la población tiene también acceso a un empleo digno y productivo, a un ambiente saludable y a disfrutar de esparcimiento y de bienes culturales.*

➤ *La democracia que buscamos es inseparable de la existencia de una sociedad civil organizada y activa en defensa de sus derechos y demandas, apta para participar en las decisiones públicas y fiscalizar el ejercicio del poder, y también consciente de sus propios deberes ciudadanos.*

➤ *Una educación renovada ayudará a construir una sociedad integrada; fundada en el diálogo, el sentido de pertenencia y la solidaridad y un estado moderno, democrático y eficiente dotará al país de ciudadanos participativos, fiscalizadores, propositivos, con capacidad de liderazgo e innovación dando así vida sostenida a la descentralización.*

➤ *En toda la historia republicana no hemos contado con políticas educativas de largo plazo, presididas por visiones de futuro esperanzadoras, levantadas por estadistas, organizaciones políticas o sectores de poder, dirigidas a transformarlo.*

➤ *Poco a poco, pero con firmeza, se viene entendiendo que el derecho a la educación no se reduce a la existencia de cuatro paredes y un pizarrón, sino que abarca una serie de condiciones y propiedades que se sintetizan en las nociones de acceso, disponibilidad, permanencia y calidad.*

➤ *El capital humano y social, que se viene movilizando en los últimos años dentro del proceso de descentralización educativa, ha posibilitado que en diversas regiones germinen importantes experiencias de participación de instituciones civiles y públicas, de docentes y padres en la construcción de proyectos educativos regionales.*

➤ *El estado ha venido haciendo eco de diversos movimientos y discursos por el cambio de la educación, como lo demuestran decisiones, normas o leyes innovadoras cuya importancia no debe pasarse por alto.*

➤ *El momento actual podría sumarse al elenco de las "oportunidades perdidas" que hemos venido deplorando desde hace décadas. Que no se haya elevado la inversión pública en educación a un equivalente del 6% del PBI en el pasado quinquenio es un llamado de alerta que debe servir para tomar, ahora sí, las decisiones correctas y justas.*

➤ *En una sociedad globalizada, lo que hará distintiva a una universidad o instituto peruano respecto de uno extranjero será la ciencia y la innovación tecnológica propias que logren imprimir en aquellas actividades en las que el país es competitivo internacionalmente [...]*

➤ *El papel del gobierno local no es sólo como un simple administrador del servicio educativo sino, fundamentalmente, como constructor de una ciudad educadora, que forma en ciudadanía y en convivencia social.*

➤ *Se deben implementar instituciones autónomas y organizadas que gestionan y aplican prácticas pedagógicas que permiten a todos aprender con éxito, de manera crítica, creativa y orientada a propiciar una convivencia grata, libre de discriminación e imposición cultural.*

➢ *Alcanzar una gestión eficiente y descentralizada, altamente profesional y desarrollada con criterios de ética pública, enfoque intersectorial y participación. una gestión informada, transparente en sus actos y desarrollada tecnológicamente en todas sus instancias.*

➢ *El sistema de educación superior universitaria y técnico-profesional responde a retos del desarrollo y de las políticas de desarrollo; se requiere, por tanto, políticas que posibiliten la articulación de sus diversos componentes, un mayor financiamiento público y privado, con una renovación y superior calificación de la carrera docente.*

➢ *Se requiere una producción permanente y acumulativa de conocimiento relevante para el desarrollo económico y cultural que permita igualar el nivel de investigación, innovación y avance tecnológico de los países vecinos.*

➢ *Se requieren empresas, organizaciones sociales, organizaciones políticas y asociaciones civiles comprometidas con la educación y con la formación ciudadana en la comunidad.*

➢ *Los medios de comunicación masiva asumen su rol educador facilitando campañas educativas y se hacen corresponsables en la transmisión de valores y la formación de ciudadanía orientada a lograr la Identidad Nacional.*

Ω

ÍNDICE

201

Ω

www.ingramcontent.com/pod-product-compliance
Lightning Source LLC
Chambersburg PA
CBHW062000280526
45787CB00005B/1946